PLAIDOYÉ

POUR M. L'Evesque de Soissons,
Pair de France, Intimé.

CONTRE *Joseph-Jean-François* ELIE
LEVY, *ci-devant* BORACH LEVY, *Juif*
de Nation, Appellant comme d'abus.

(1)

AVERTISSEMENT.

$L A$ question que présente l'appel de Levy , étant
une des plus importantes de notre droit public , &
donnant lieu d'examiner quelle a été la Doctrine &
de Jesus-Chrift & de l'Apôtre , fur le lien du mariage ; le Défenfeur de M. l'Evéque de Soiffons ,
avoit eu l'attention d'écrire la plus grande partie
de fon Plaidoyé. C'eft une précaution qu'il a jugée
néceffaire , dans un matiére fur laquelle on ne peut
être trop exact , même dans les termes. C'eft ce Plaidoyé que l'on donne au Public , qui a paru s'intéreffer à la décifion de la caufe. On fe flatte que
Meffieurs les Juges voudront bien permettre qu'il
tienne lieu de Mémoire : Ce n'eft point ici une de
ces queftions dans lefquelles on craint de fatiguer
leur attention : Celle qu'ils ont donnée à la caufe ,
prouve combien ils l'ont jugée digne de l'examen
le plus religieux : Cette matiére eft telle, qu'un traité
où elle feroit exactement difcutée , pourroit être
long fans être diffus, & occuper long-tems le Lecteur,
fans ceffer de l'intéreffer.

PLAIDOYÉ

POUR M. l'Evêque de Soissons, Pair de France, Intimé.

CONTRE *Joseph-Jean-François* Elie Levy, *ci-devant* Borach Levy, *Appellant comme d'abus.*

MESSIEURS,

LA Sentence de l'Officialité de Soissons, dont l'Appel comme d'abus est soumis à la décision de la Cour, a jugé conformément aux Loix de l'Etat & de l'Eglise, que le lien d'un mariage légitime, indissoluble par sa nature, étoit absolument indépendant de cet engagement spirituel, que l'on contracte dans le S. Baptême avec l'Eglise dont on devient membre.

Que le bandeau qui couvroit les yeux de Levy se soit déchiré ; qu'éclairé par les lumières de la Foi, il ait acquis des droits à cette patrie invisible, vers laquelle l'Eglise s'avance sans cesse ; ce bienfait inestimable doit animer

A ij

fa reconnoiffance ; il doit être le principe éternel de fa joie.

Mais fi ce Néophite eft inftruit des premiers élemens de la Religion fainte qu'il profeffe, il a dû apprendre que, toute fpirituelle, elle borne fa fin à la fanctification des ames. Le Légiflateur divin qu'il a fait vœu d'écouter, n'eft point venu jetter le trouble dans la fociété. Son miniftere n'a point délié les hommes des fermens qu'ils avoient faits à leur Prince, à leur Patrie, à leurs Epoufes, à leurs Maîtres. Il a fanctifié ces nœuds ; il ne les a point rompus. Sa religion a perfectionné les devoirs que la nature nous dictoit ; elle n'en a retranché aucuns. Aux obligations que nous impofoient les loix, elle a joint des motifs qui nous les ont rendües encore plus inviolables. En un mot, la grace que le Reparateur a repandüe fur la terre, n'en a renouvellé la face, qu'en faifant difparoître les vices qui la couvroient : les cœurs ont été changés, les mœurs épurées ; & voilà le feul changement que Dieu ait voulu opérer par la prédication de l'Evangile.

Telles font, Meffieurs, les maximes précieufes que M. l'Evêque de Soiffons vient défendre à votre Audience : l'expofition de ces grandes vérités fied bien dans la bouche d'un Evêque.

Son Official a-t-il franchi ces bornes facrées qui féparent le Miniftére Eccléfiaftique de la Puiffance Civile ? S'eft-il écarté des Loix publiques ? A-t-il enfreint quelques-uns de ces Canons refpectables, adoptés par les Ordonnances de nos Rois, ou fuivis par votre Jurifprudence ? Vous avez entendu, Meffieurs, les moyens de notre Adverfaire. Son fyftème n'a pour bafe que l'opinion de quelques Théologiens, égarés par une interprétation fauffe de l'Apôtre S. Paul, dont la Doctrine mieux entendüe par les Peres, & parfaitement conforme à celle de Jefus-Chrift, va devenir elle-même l'appui de ma défenfe.

Mais a des fuffrages plus anciens & plus reflechis que ceux qui m'ont été oppofés, M. de Soiffons ajoûtera ces principes lumineux du droit naturel, auxquels la révélation nous a ramenés, & dont l'homme ne peut s'écarter dans aucun cas. On a inventé un ſyſtème brillant pour juſtifier des opinions; je vous developperai des maximes ſolides & immuables; & les autorités que je vous citerai n'en feront que les conſéquences les plus naturelles.

Dans une cauſe de cette importance, Meſſieurs, je ne FAIT. veux mettre dans la balance de la Juſtice que des raiſons & non des faits. Je me contenterai donc de vous dire, que Levy né dans la Religion Juive à Haguenau en Alſace, & appartenant aux Juifs les plus diſtingués de la Province, épouſa il y a environ 20 ans Mendel-Cerf, dont il a eu deux filles.

Son mariage fut valablement contracté ſelon le rit de la Synagogue, & par conſéquent conformément aux Loix de l'Etat, qui en permettant aux Juifs de s'établir & de commercer en Alſace, ont reconnu la légitimité de leur mariages.

Levy avoit 31 ans lorſqu'il vint à Paris au mois de Mars 1751; il prétend qu'il y fut attiré par un procès; mais je craindrois de ternir la majeſté de cette Audience, ſi je vous rappellois la conduite indécente par laquelle il ſembloit annoncer dès-lors la tentative ſcandaleuſe, dont il oſe encore eſperer le ſuccès.

Quelques efforts qu'il ait faits dans un Mémoire qu'il fit publier en 1752, pour diminuer s'il étoit poſſible (a)

(a) On voit dans ce Mémoire, que l'ami & le guide de ce Cathécumene étoit un Prêtre Allemand, qui deshonoroit ſon miniſtere par le ſcandale de ſes mœurs. Levy & lui n'eurent long-tems qu'une ſeule chambre dans la Communauté de Ste Marguerite. C'eſt Levy lui-même qui nous apprend qu'ils firent l'un & l'autre connoiſſance avec une fille qu'ils trouverent chez une femme dont ils n'indiquent point le métier; qu'il eut alors quelque envie d'épouſer cette fille, parce qu'on lui avoit dit que ſon Baptême romproit ſon premier engagement; que dans cette intention, le Prêtre & lui la mirent, par forme d'entrepôt, dans un cabaret grande rue du Fauxbourg S. Antoine, qu'ils la firent enſuite entrer dans une Communauté, où le Prêtre s'engagea de payer ſa penſion; mais qu'enſuite s'étant apperçus que cette fille étoit une proſtituée, ils lui donnerent ſon congé.

Peu de tems après, un Tapiſſier vint enlever les meubles du Prêtre. Levy & lui louerent deux chambres à la Raquête. Dans ces deux l'impreffion que fes mœurs avoient faite fur le public; on n'y apperçoit que trop bien les véritables & juftes motifs qui engagerent alors M. l'Archevêque, non à lui refufer le Baptême, mais à exiger de lui des épreuves plus longues, & une vie plus réguliere.

Levy eut alors recours à l'intrigue; il fe flatta d'intéreffer en fa faveur beaucoup de cœurs droits & un plus grand nombre d'efprits foibles. Rien n'étoit moins abfolu que le refus de M. l'Archevêque. Ce Juif eut l'art de s'en faire un mérite, dans des circonftances malheureufes, où le feul mot de *vexation arbitraire* fuffifoit pour allarmer tous les efprits. Il fe donna pour un profélyte abandonné de tout le monde, & à qui des cœurs barbares fermoient l'entrée de l'Eglife. Il crut fe faire un nom en excitant des troubles. C'étoit peu pour lui, de fe revolter contre des Pafteurs qu'il auroit dû regarder comme fes guides; il fut affez hardi, Meffieurs, pour ofer tendre un piége à votre religion.

Il s'adreffa à deux de nos Confreres * auffi recommandables par leurs talens que par la droiture de leur cœur.

* MM. Pothouin & Travers.

chambres logerent le Cathécumene, fon guide, cette même femme chez qui ils avoient pris la fille de *l'entrepôt*, & avec elle une autre petite fille à qui Levy ne donne que neuf ans.

Le déreglement de ce Prêtre fcandaleux ayant éclaté, le ménage fut rompu; mais on retrouve enfuite & le maître & le difciple dans une auberge fur la Parroiffe S. Severin. Là le Juif n'édifia pas d'avantage qu'il l'avoit fait dans fes premiers domiciles. Il en changea encore, & vint loger chez un Limonadier dans la rue de Tournon. Il fe fit préfenter au Curé de S. Sulpice, qui, trompé par le témoignage d'un Jacobin, à qui Levy avoit déguifé fa conduite, fixa le jour de fon Baptême au Samedi Saint de l'année 1752. Le Curé de S. Sulpice engagea même feu M. le Duc de Chatillon & Madame la Marquife de Rofen, à lui fervir de Parein & de Mareine. Dans cet intervalle, les défordres de Levy vinrent à la connoiffance de ce Pafteur religieux. Il crut devoir examiner plus attentivement le profélyte, & fit part de fes doutes à M. l'Archevêque.

Ce Prélat confulta ceux de fes Coopérateurs fur les Paroiffes de qui Levy avoit vécu. On fuivit toutes fes traces: il fut décidé qu'il falloit encore exiger quelque tems d'épreuve de ce Cathécumene fufpect. Voilà en peu de mots l'hiftoire de ce Juif, prife dans fes propres Mémoires.

Il n'eut garde de leur expofer avec franchife les véritables motifs qui avoient déterminé les Pafteurs à prolonger le tems de fon Cathécumenat. Il fuppofa leur refus indéfini, & demanda quelle étoit la voie juridique qui pouvoit faire ceffer l'oppreffion.

Mais ce qui n'échappa point à la pénétration des Jurifconfultes, ce fut le defir fecret qu'il avoit de rompre les nœuds, qui l'attachoient à Mendel-Cerf fa légitime époufe: ils crurent devoir s'affurer des difpofitions de celui qui les confultoit: que fit-il? Il les trompa par une déclaration fauffe, dont il faut vous faire lecture dans la confultation même qui lui fut donnée.

Le Confeil fouffigné.... après avoir pris lecture defdites Confult. p. 19. *piéces, & que Borach Levy a de vive voix ajouté, que fon intention préfente, en recevant le Baptême qu'il defire, eft de ne point prendre de femme autre que Mendel-Cerf, tant que Dieu qui la lui a fait époufer dans la religion Juive, lui accordera la grace & la fatisfaction de la lui conferver, &c.*

Pourquoi exigea-t'on de Levy cette déclaration, finon parce que l'on croyoit pouvoir deviner fes difpofitions? Il vous dira qu'il ne parloit alors que de fon intention *préfente*, & je conviens qu'il a eu foin d'ajouter ce mot. Mais l'ufage qu'il fait du fubterfuge, prouve qu'il a voulu dès-lors fe le préparer, & n'eft certainement point un indice de fa fincerité.

Quoi qu'il en foit, Meffieurs, les Jurifconfultes éclairés qu'il confulta, non-feulement chercherent à fe raffurer par ce témoignage qu'ils lui demanderent, mais voulurent l'affermir encore dans la réfolution où ils le crurent; & quoiqu'ils ne puffent confulter que fur les moyens de lui procurer le Baptême, ils crurent devoir lui prouver dans leur confultation, (*a*) que fon engagement avec Mendel- (*a*) pag. 58. Cerf étoit indiffoluble.

Cette confultation, Meffieurs, eft du 15 Mai 1752. Levy fit en conféquence des fommations au Curé de S. Sulpice. Il fit plus; il effaya plufieurs fois de faire dénoncer aux Chambres de la Cour affemblées, le prétendu re-

fus qui lui étoit fait. Votre prudence, Meffieurs, démêla
fes artifices. Vous fûtes inftruits des faits ; l'illuftre Ma-
giftrat qui veille fous vos yeux au maintien de l'ordre public, ne vit dans la conduite des Pafteurs que l'obfervation la plus exacte des faintes régles. Ce Juif qui s'étoit
flatté d'allumer le flambeau d'une nouvelle divifion, ren-
tra dans le néant & fut oublié.

Depuis le mois de Mai 1752 jufqu'au mois d'Août fuivant, j'ignore abfolument qu'elle a été fa conduite. Je
veux croire, Meffieurs, qu'il a réformé fes mœurs & pleuré
fes fautes. Je ne fuppoferai pas que le Pafteur refpectable
qui lui a enfin adminiftré le Baptême le 10 du mois d'Août
1752, ait été imprudent ou téméraire : il a agi fuivant les
lumieres de fa confcience ; il a ufé d'un droit qu'il tient de
Dieu même.

Mais ce que je dois vous obferver, Meffieurs, c'eft que
ce Curé fut lui-même trompé. Levy lui remit la confultation
du 15 Mai, dans laquelle étoit confignée & la déclaration dont je vous ai parlé, & la décifion fur l'indiffolubilité du mariage. Il renouvella la promeffe qu'il avoit
faite de conferver fa légitime époufe, & de ne jamais fonger à contracter un nouvel engagement tant que Mendel-
Cerf feroit vivante. Il chercha à diffiper les foupçons que
fa conduite avoit fait naître. Il rendit un fecond hommage
à la maxime précieufe de l'indiffolubilité, qui lui étoit at-
teftée par fes guides.

Aujourd'hui, Meffieurs, il paroît avoir oublié ces principes inaltérables. Anne Thevard avec qui il a fait connoiffance depuis trois ans, eft domeftique d'une femme
refpectable par fa piété : tout commerce eft impoffible s'il
n'eft précedé d'un mariage légitime : Levy a donc cherché
à rompre des nœuds qu'il n'avoit jufques-là que profanés.
Et voici, Meffieurs, la route qu'il a prife.

Le 13 Mai 1755, fommation faite à Mendel-Cerf par
le miniftere d'un Huiffier. Il ne prend pas la peine d'aller
lui-même chercher à regagner ce cœur aigri, & dont la
tendreffe étoit fi bien peinte dans les lettres qu'il avoit
reçues : Levy fomme fa femme de fe convertir, & de venir

nir le rejoindre ; ainſi la converſion de Mendel-Cerf eſt une condition qu'il impoſe lui-même à leur réunion : il ne veut revoir ſa femme que Chrétienne.

Mendel-Cerf aveuglée par l'erreur, mais trop ſincere pour feindre une converſion qui n'eût point été l'ouvrage de la grace, ne pouvoit répondre à la ſommation que comme elle l'a fait.

Le 2 Octobre ſuivant, nouvelle ſommation : dans celle-ci on n'interpelle plus Mendel-Cerf de ſe convertir, mais ſimplement de venir rejoindre ſon mari. Pour cela on lui donne ſeulement 24 heures ; & cette femme tendre qui lui mandoit dans une lettre que lui-même a fait imprimer, *jamais jeune femme n'a eu tant de malheur que moi, mais Dieu qui me l'envoye y mettra fin ; je mets toute ma confiance en lui, & me flatte qu'il ne m'abandonnera point. Borach, mon cher Borach, ayez pitié de moi. Ne manquez pas de m'écrire, ou plutôt DE REVENIR ; l'excès de ma douleur me fait finir ma lettre, & peut-être ma vie ;* cette Juive qui s'exprimoit dans des termes ſi doux & ſi paſſionnés, ne reçoit au bout de deux ans des nouvelles de ſon mari Chrétien, que par la ſommation d'un Huiſſier. Eſt-il étonnant, Meſſieurs, qu'elle ait encore alors perſiſté dans le refus qu'elle a fait de le ſuivre, & dont elle donne ſans ceſſe pour motif ſon attachement à ſa Religion ?

Muni de ce nouveau refus ſi ſouhaité, & que peut-être il eût été ſi facile de vaincre, Levy s'eſt pourvu en l'Officialité de Straſbourg ; & le 7 Novembre 1754, ſentence par défaut, qui au lieu d'ordonner que Levy ſera tenu de ſe tranſporter chez ſa femme, de conférer avec elle amiablement en préſence de quelque ami commun, en un mot au lieu de preſcrire à ce nouveau Converti des démarches que la charité devoit lui dicter, ſi l'amour conjugal étoit éteint dans ſon cœur, le déclare libre de ſes liens, & lui permet de contracter un autre engagement.

Cette ſentence du 7 Novembre 1754, ſentence qui n'échappera point ſans doute à la vigilance du miniſtere public, ne fut point ſignifiée à Mendel-Cerf : elle eût réveillé dans ce cœur ſenſible des mouvemens naturels, &

B

toujours payés d'ingratitude. Levy craignoit encore la tendreffe de fon époufe : Il attendit près d'un an ; & fachant
fa femme abfente de Haguenau , il faifit ce moment pour
faire fignifier le 23 Août 1755 , le barbare decret de
diffolution à Mendel-Cerf , mais abfente & au domicile de
fa mere ; celle-ci obftinément attachée au Judaïfme , plus
irritée que fa fille contre les défordres de fon gendre , &
n'ayant à livrer aucuns combats à la tendreffe de fon cœur,
répondit que Mendel-Cerf perfiftoit dans fon refus.

Une obfervation importante , Meffieurs , c'eft que dans
les fommations de Levy , dans fes requêtes , & même dans
la fignification de la fentence de Strafbourg , faite le 23
Août 1755 , ce Juif prend la qualité de *Négociant à Paris* ,
où réellement il avoit fixé fon domicile , quoiqu'il paffât
une partie de fon tems à Villeneuve-fur-Bellot dans le
Diocèfe de Soiffons , chez la Dame de Mauroi maîtreffe
d'Anne Thevard.

Mais dans l'intervalle de tems qui s'écoula entre la Sentence de l'Officialité de Strafbourg & la fignification du
23 Août 1755 , dans laquelle Levy prend la qualité de domicilié à Paris ; il fit au Curé de Villeneuve-fur-Bellot , une
fommation de publier les bans de fon mariage avec Anne
Thevard. Dans cette fommation qui eft du 13 Juin 1755 , il
prend la qualité de domicilié à Villeneuve-fur-Bellot , &
déclare qu'il a *une intention réfléchie , de fixer fubordonnément à la providence, fon domicile audit Villeneuve-fur-Bellot.*

Voilà , Meffieurs , le premier acte de domicile que Levy
ait fait fur cette Paroiffe : on voit même que cette volonté
de s'établir dans ce village n'eft point ftable ; il en a bien
l'intention , mais c'eft *fubordonnément* à la Providence , &
la Providence en a difpofé autrement , puifque trois mois
après & le 25 Août , il prend la qualité de *Négociant à
Paris.*

Le Curé n'ayant pas fatisfait à cette fommation , fut af-
figné à l'Officialité de Soiffons le 30 Juin , & s'en rapporta
à juftice , en propofant neanmoins fes moyens de défenfe
tirés de l'indiffolubilité du premier mariage.

La queftion , Meffieurs , parut embarraffante à l'Offi-

cial & au Promoteur de Soiſſons. Il s'agiſſoit ou de fou-
ler aux pieds les principes, ou de s'écarter de l'opinion de
quelques Canoniſtes reſpectables : le Promoteur trouva, dans
la ſignification du 25 Août, un moyen ſûr d'éluder ce
choix délicat. Levy s'étoit dit le 25 Août 1755 domicilié
à Paris ; & par Sentence du 4 Septembre ſuivant, il fut
par conſéqnent très-juſtement déclaré non-recevable *quant
à préſent*, & condamné aux dépens.

Levy prétend avoir fait une troiſiéme ſommation à ſa
femme le 15 Octobre 1755 : mais alors le projet du ſecond mariage avoit éclaté ; Mendel-Gerf connoiſſoit les
nouveaux feux de ſon mari ; eſt-il étonnant qu'elle ait refuſé
de ſuivre un époux perfide, dans le tems qu'il faiſoit tous
ſes efforts pour contracter un engagement adultére ?

Enfin le 17 Janvier 1756, il préſenta à l'Officialité de
Soiſſons une nouvelle requête : la fin de non-recevoir tirée du domicile ſubſiſtoit encore ; mais l'Official avoit eu
le tems de s'inſtruire des vrais principes de la matiere.
M. de Soiſſons avoit conſulté ſur la queſtion les Magiſ-
trats, les Théologiens, les Juriſconſultes les plus éclairés :
les Loix ſur l'indiſſolubilité du mariage leur avoient paru
préférables à l'opinion de quelques Docteurs. L'Official de
Soiſſons déclara Levy non-recevable dans ſa demande par
un jugement contradictoire du 5 Février 1756.

C'eſt de cette Sentence qu'il eſt appellant comme d'a-
bus ; & quels efforts n'a-t-on point faits à votre Audience
pour la mettre en contradiction avec les autorités les plus
reſpectables ? Si le feu du génie, ſi la nobleſſe des idées
& la richeſſe de l'expreſſion, pouvoit décider du ſort de
notre cauſe, je deſeſpererois de vaincre ; & ma défaite ne me
laiſſeroit que la conſolation d'avoir du moins dreſſé les
trophées d'un jeune athléte ; auſſi digne des applaudiſſe-
mens du public par ſes talens, que de la tendre eſtime de
ſes confreres par les ſentimens de ſon cœur. Mais les grandes vérités que je vais défendre, deſtinées à triompher des
forces du préjugé, n'ont rien à craindre de celles de l'élo-
quence : les armes avec leſquelles je dois vous combattre
ne ſeront point *parées de fleurs* ; mais j'éleverai contre

vous un mur de maximes & de principes, contre lequel viendra toujours se briser le torrent des opinions.

I. MOYEN, tiré de la nature de la cause.
Point d'abus dans la Sentence.

J'envisage d'abord ma cause sous une premiere vûe générale, & rélativement à sa nature : C'est un appel comme d'abus que vous venez soutenir ; & je demande avec étonnement quel est donc l'abus que l'on reproche à la Sentence de l'Officialité de Soissons.

Nous ne connoissons , Messieurs , que deux genres d'abus dans les Jugemens Ecclésiastiques : l'un est l'entreprise sur la puissance civile ; l'autre une contravention aux Ordonnances du Royaume , parmi lesquelles je range les saints Canons dont nos Loix ont adopté les dispositions.

Ici reproche-t-on à l'Official de Soissons quelqu'entreprise sur la Jurisdiction séculiere ? Loin de l'accuser d'avoir voulu s'arroger un droit qu'il n'avoit point , vous êtes réduit à vous plaindre de ce qu'il n'a point fait usage de celui qu'il vous plaît de lui attribuer : Les Loix de l'Etat ont donné à Levy une femme légitime. Cette union est sous la protection de la puissance civile : l'Official a cru devoir la respecter. Il a cru qu'où le nœud du mariage étoit impossible , l'administration du Sacrement eût été une profanation. Ainsi loin de franchir la borne , il n'a pas même été , selon vous , jusqu'où il pouvoit aller ; il n'a donc point abusé de son pouvoir *par entreprise.*

En a-t-il abusé *par contravention ?* Citez-moi donc l'Ordonnance qu'il a violée. Montrez-moi la Loi dont il s'est écarté : vous m'alleguez un usage. Mais 1°. vous ne produisez aucun monument de cet usage : 2°. Il est question même de savoir si cet usage n'est point un abus. 3°. Enfin un usage ne peut jamais être une Loi, ni donner lieu à accuser d'abus de son pouvoir, le Ministre qui ne s'y est pas conformé. Vous me citez un passage de S. Paul , & l'interprétation que quelques Docteurs particuliers lui ont donnée. M. de Soissons est votre Evêque : il a droit de vous enseigner ; c'est de lui que vous devez apprendre , & le véritable sens des Textes sacrés , & la tradition de l'Eglise. N'a-t-il pas droit d'interpréter ce passage que vous lui opposez ? Le sens qu'il lui donne exactement conforme à la lettre de S. Paul, eſt de plus conforme aux principes de la Loi naturelle & à la parole de Jeſus-Chriſt même. Mais en un mot, quelle que ſoit ſon interprétation, vous ne la trouvez condamnée ni réprouvée par aucune Loi du Royaume. Eh quoi! parce que j'aurai préféré à l'interprétation de S. Thomas, d'Eſtius & de Baſile Ponce, celle de S. Auguſtin, de S. Jerôme, de Théophilacte, du Cardinal Caietan, & du fameux Dominique Soto, vous viendrez prétendre que, dans une matiere telle que celle-ci, j'ai abuſé de la puiſſance Eccléſiaſtique? Oui, Meſſieurs, dès qu'il n'y a point de Loi formelle qui décide que l'on doit accorder une autre femme au Juif Néophite, déja lié par un mariage ſubſiſtant, le refus que l'Official a fait de ſe conformer à l'avis des Théologiens qui l'ont permis, pour ſuivre celui des Peres qui l'ont défendu, ne peut jamais donner lieu à un appel comme d'abus: Que l'appel ſimple ſoit donc votre reſſource; j'y conſens: mais je n'ai point abuſé de mon pouvoir, tant que vous n'avez que des opinions à m'oppoſer.

Cette premiere réflexion, Meſſieurs, ſeroit ſeule déciſive: mais je vais plus loin, & je ſoutiens qu'indépendamment de la Loi naturelle & divine de l'indiſſolubilité de votre premier mariage, j'en avois une de droit poſitif, qui ſuffiſoit pour vous faire declarer non-recevable. Je ſoutiens que ſi j'euſſe déféré à votre demande, le jugement que j'euſſe rendu eût été lui-même abuſif. Vous ne vous êtes adreſſé à l'Official de Soiſſons, qu'en vous ſuppoſant domicilié ſur la paroiſſe de Ville-neuve-ſur-Bellot dans le Diocèſe de Soiſſons. Si donc vous n'avez point acquis de domicile dans cette paroiſſe, vous étiez certainement non-recevable.

Or quel étoit le domicile de Levy? Je ſoutiens, Meſſieurs, que ce n'étoit point la paroiſſe de Villeneuve-ſur-Bellot. En voici la preuve: ſon domicile a toujours été à Haguenau en Alſace, au moins juſqu'en l'année 1751 qu'il vint à Paris. Il nous dit lui-même qu'il y vint pour ſoutenir un procès, d'où il ſuit qu'il n'entendoit point y fixer ſon domicile. Dans la ſommation qu'il fit au curé de S. Sulpice, il ſe dit ſimplement natif d'Haguenau, & *de préſent à Paris.*

II. MOYEN.
Il y eût eu abus dans la Sentence, ſi elle eût permis à Lévy de ſe remarier.

Jufques-là on ne peut donc le confidérer que comme domicilié en Alface. Suppofons, avec lui, que par le baptême
qu'il reçut au mois d'Octobre 1752, il ait perdu tout efprit
de retour dans fa patrie. Où doit-on alors placer fon domicile ? ce ne peut être que dans le lieu où il habitoit,
où il faifoit quelque commerce, où en un mot, il paroiffoit
déterminé à fe fixer : or ce lieu ne peut être que Paris.
Ai-je pour le prouver quelque chofe de plus que fa demeure habituelle ? Oui, Meffieurs, j'ai la qualité que Levy
s'eft donnée, & dans les fommations qu'il a faites à fa femme au mois de Mai & d'Octobre 1754, & dans toute la procédure de l'Officialité de Strafbourg : il y prend le titre de
Négociant à Paris. Voilà donc & demeure actuelle & volonté d'acquérir domicile.

Alors cependant il alloit fouvent à Villeneuve-fur-Bellot ; il y paffoit la plus grande partie de fon année ; il y profi-
toit des bontés que la Dame de Mauroi avoit pour lui. Donc
fa demeure dans ce village n'étoit qu'une habitation paffagere, qui ne pouvoit lui acquérir un domicile : s'agiffoit-
il de prendre qualité en juftice ? alors quoique de fait il
réfidât à Villeneuve, il fe difoit domicilié à Paris.

Il fentit qu'il étoit trop connu dans cette Capitale pour
s'adreffer à M. l'Archevêque. Que fait-il ? le 13 juin 1755
il entreprend de fe faire domicilié à Villeneuve : il fait au
Curé une fommation de publier fes bans ; il lui annonce
que, depuis un an, il demeure fur fa paroiffe, & qu'il veut
déformais y fixer fon domicile, *fubordonnément néanmoins
à la providence.* Ce *fubordonnément* annonçoit que Levy
étoit bien aife d'avoir par tout un domicile, dont il pût faire
ufage, fuivant fes intérêts. Tel eft, Meffieurs, le premier
acte par lequel il fe foit annoncé comme domicilié dans la
paroiffe de Villeneuve ; il eft du 13 de Juin 1755. La fauffeté de fa déclaration eft palpable : il dit qu'il eft depuis un
an domicilié fur cette paroiffe, & au mois de Novembre
précédent il s'étoit dit (a) *domicilié à Paris.*

(a) Voyez la procédure de Strasbourg, & la Sentence qui y eft
intervenue le 7 Novembre 1754.

Ce n'eſt pas tout : au mois d'Août 1755, dans la ſignification qu'il fait à ſa femme, il ſe dit encore domicilié à
Paris. Dès-là, Meſſieurs, je fais à Levy un raiſonnement
auquel il ne peut rien répondre : de deux choſes l'une ; ou
c'eſt mal-à-propos & fauſſement que vous vous êtes dit le
13 Juin 1755 domicilié à Villeneuve, puiſque je trouve
des Actes antérieurs & poſtérieurs dans leſquels vous vous
dites domicilié à Paris ; ou ſi le 13 Juin 1755 vous avez
eu réellement deſſein de vous établir à Villeneuve, vous
avez depuis changé d'avis ſuivant la réſerve que vous vous
en étiez faite par ces mots, *ſubordonnément à la providence*.

Or dans tous ces cas l'Official de Soiſſons a dû vous dé-
clarer non-recévable. En effet l'article premier de l'Edit
du mois de Mars 1697, veut que *pour contracter domicile à
l'effet du mariage, on ait demeuré un an entier dans le lieu où
l'on veut ſe marier, s'il eſt ſitué dans l'étendue d'un diocèſe différent de celui que l'on avoit habité juſques-là.*

Le premier Acte de domicile que vous ayiez fait ſur la
paroiſſe de Villeneuve-ſur-Bellot, eſt du mois de Juin 1755 ;
donc au mois de Février 1756 vous n'aviez point acquis
de domicile dans le diocèſe de Soiſſons. Je raiſonne dans
l'hypothèſe qui vous eſt le plus favorable : car poſtérieure-
ment à cet Acte du mois de Juin, & le 25 Août 1755 vous
vous déclarez encore domicilié à Paris ; & depuis le mois
d'Août 1755 juſqu'au mois de Février 1756, temps auquel
la ſentence a été rendue, je ne vois de votre part rien qui
prouve que vous ayiez ceſſé d'avoir votre domicile dans
cette Capitale.

Il eſt donc prouvé, Meſſieurs, que loin que l'on puiſſe
reprocher aucun abus à la ſentence de l'Officialité de Soiſſons, cette Sentence ſeroit elle-même abuſive, ſi l'Official eût accordé à Levy la permiſſion qu'il lui demandoit

CES MOYENS, Meſſieurs, me ſuffiroient dans une FONDS DE LA
cauſe ordinaire, & ſi je ne voulois ſimplement que la confir- QUESTION.
mation de la Sentence que je défends, j'en aurois dit aſſez.
Mais à Dieu ne plaiſe que nous laiſſions à Levy la malheureuſe liberté d'aller profaner ailleurs un Sacrement qu'il ne
peut recevoir ſans ſacrilége & ſans adultere. Ce moyen tiré

du domicile de l'Appellant, quelque décifif qu'il fût, n'eft point le feul ni le plus puiffant qui ait déterminé l'Official. Il en eft un autre plus cher à la follicitude paftorale de M. l'Evêque de Soiffons, plus digne de fon attachement pour l'Eglife, de fon zèle pour la religion, de fon amour pour les Loix de l'Etat.

PROPOSITION. L'engagement que Levy a contracté avec Mendel-Cerf n'eft plus fous la main des hommes : il eft mariage ; donc il eft indiffoluble. Telle eft, Meffieurs, la propofition que je me flatte de vous démontrer.

Je fuivrai un plan différent de celui de mon Adverfaire. Il avoit befoin de prêter à une opinion fauffe des motifs encore plus faux : il a choifi l'analyfe : il a fuppofé fa propofition dogmatiquement prouvée par l'autorité : il lui a enfuite cherché des raifons. Je commencerai par les principes immuables, & j'en déduirai les conféquences : la fynthefe fera ma méthode. Je vous ferai voir une Loi naturelle, promulguée dès l'origine du monde, facrée à nos premiers parens, méconnuë par l'erreur, quelquefois violée, mais toujours inviolable ; non rétablie, mais indiquée par Jefus-Chrift, comme une regle toujours conftante, & dont il n'avoit jamais été permis de s'écarter. C'eft à cette regle facrée que j'oferai confronter les témoignages ; je les peferai, je ne les compterai pas ; & dans le choix de cette multitude d'autorités que l'on peut citer fur cette matiere, je m'attacherai à l'Apôtre & aux Peres de l'Eglife qui ont fuivi cette Loi primordiale ; je rejetterai les Docteurs qui l'ont méconnue. Notre Adverfaire eft convenu que le mariage étoit indiffoluble dans fon inftitution ; mais confondant enfuite les mœurs avec la Loi, & la dépravation avec la regle, il a cru trouver une dérogation où Jefus-Chrift n'a vu qu'une prévarication ; & il a fait une exception à la régle de ce qui n'en étoit que l'infraction.

Voici donc, Meffieurs, le raifonnement dans lequel je renferme ma défenfe.

Le mariage que Levy a contracté avec Mendel-Cerf eft un mariage légitime. Cette propofition ne m'eft point conteftée, & l'on convient que fi cette femme perfévérant

dans

dans son infidélité vouloit habiter avec son mari, on ne leur administreroit point le sacrement de mariage : on les regarderoit comme parfaitement unis par les loix.

Or tout mariage est essentiellement indissoluble ; il l'est de droit naturel & d'institution divine ; il l'est comme lien ; il l'est indépendamment du sacrement qui le bénit. Cette loi primordiale oblige tous les hommes ; elle a été promulguée pour Adam & pour toute sa race. Première proposition que je me flatte de vous démontrer.

Si je vous démontre l'existence de la loi, dès là vous ne pouvez vous fonder que sur une prétendüe dérogation. Il faut donc que vous me trouviez cette dérogation écrite dans une loi aussi claire, aussi formelle, aussi évidente que celle que j'invoque en ma faveur : or cette dérogation, vous ne l'établissez point. Jesus-Christ, l'Apôtre, les Peres de l'Eglise ont enseigné que cette loi générale ne recevoit point d'exception. Seconde proposition qui achevera ma démonstration.

PREMIERE PROPOSITION.

Le Mariage est indissoluble de droit naturel & divin ; il l'a été dans tous les états, par lesquels a passé le Genre-humain.

Les raisons qui prouvent l'indissolubilité du mariage se puisent dans sa nature, dans son essence, dans l'ordre inaltérable que Dieu a lui-même établi en l'instituant. Le mariage est indissoluble, parce qu'il est société parfaite. Il est indissoluble, parce que Dieu a attaché ce caractere à cette société qu'il a établie, comme conservateur & comme bienfaicteur du Genre-humain.

Loin de nous, Messieurs, ces Philosophes qui dégradant l'humanité, peut être en haine de la révélation, n'ont vu dans le mariage qu'un moyen de reproduire & de conserver le genre humain : union passagere, ont-ils dit : un instinct aveugle nous y porte. Le plaisir nous y attire. La naissance d'un nouvel être en est le prix & la fin.

C

· Lorfque le Créateur répandit fur l'univers cette bénédiction féconde qui donna le mouvement & la vie à tous
les Etres, il dit à l'homme comme à la bête : *croiffez & mul-
tipliez* ; mais il n'a jamais dit que de l'homme, *faifons lui
une aide, & une aide femblable à lui.* Alors il tire de l'homme même cette Compagne fidéle, fon appui & fa fociété.
Cette moitié d'Adam eft la *chair de fa chair, & l'os de fes
os.* Il s'admire dans cette portion de lui-même. Ce n'eft
pas feulement un être deftiné à le reproduire dans fes enfans ; c'eft une amie faite pour le rendre heureux. Le Qua-
drupede fuit fa femelle dans les forêts, la joint, l'abandonne & l'oublie. L'époufe que Dieu donne au premier
homme devient pour toute fa vie l'objet de fon eftime, de fon
attachement, de fa confiance. L'auteur de la nature n'avoit
donné à la brute que des defirs ; l'amour fut le partage de
l'homme.

Le mariage fut donc établi pour l'homme feul, parce
que l'homme feul fut deftiné à la focieté. Des deux pen-
chans que Dieu a mis en lui, l'un lui eft commun avec
la brute, il ne tend qu'à la reproduction de l'efpece : il eft
la fuite & l'effet de ces mots confervateurs, *crefcite & mul-
tiplicamini* ; l'autre penchant, le dirai-je, Meffieurs ? Peut-
être lui eft-il commun avec l'Ange : Il tend à cet accord
fi parfait, à cette union fi intime des cœurs & des efprits,
la premiere & la plus douce des fociétés. Il eft l'effet de
ces mots bienfaifans *non eft bonum effe hominem folum* (a).
Le premier eft un mouvement, il porte au plaifir ; l'autre
eft un fentiment, il conduit au bonheur.

La femme eft donc le foutien & le fecours de l'homme.
Mais quel fecours ? Les animaux font fes efclaves, ils lui
obéiffent & tremblent à fa voix. Dieu après avoir dit qu'il
falloit un aide au Roi de l'univers, fait paffer devant lui
tous les animaux. Adam les nomme ; mais, ajoute l'Ecriture *non inveniebatur adjutor fimilis ejus* : la femme feule
eft fa compagne, une compagne femblable à lui, une compagne deftinée à ne le plus quitter, à partager fon bonheur & fon gouvernement, *adjutor fimilis ejus.* Mais toute

(a) Gen. 2, 18.

fociété a pour bafe un confentement mutuel ; elle eft l'effet d'une convention. Auffi, Dieu après avoir créé la femme, la mene à Adam. *Adduxit eam ad Adam.* Pourquoi ? Parce qu'il vouloit avoir le confentement libre d'Adam, & prendre dans ce confentement, la loi indefectible du mariage.

Alors l'homme infpiré ; s'écrie, voilà ce que je n'ai point trouvé dans tous les Etres vivans que vous m'avez préfentés : voilà *l'os de mes os, & la chair de ma chair.* Elle portera un nom, qui indiquera qu'elle eft une portion de moi-même, *vocabitur virago, quia de viro fumpta eft* ; & déformais l'homme quittera fon pere & fa mere pour *s'attacher* à fa femme, & ils feront deux dans une feule chair. *Relinquet homo patrem fuum & matrem fuam, & adhærebit uxori fuæ & erunt duo in carne una.*

Ce mot *adhærebit,* que nous trouvons dans la Vulgate, ne rend que très-imparfaitement, Meffieurs, l'énergie du terme original. Il ne fignifie pas feulement *s'attacher,* il défigne l'union & l'adhéfion de deux parties, qui ne font plus qu'un tout inféparable : auffi les 70 l'ont ils rendu par un mot Grec προσχολλυθησεται, qui veut dire *adglutinabitur,* & qui felon Eftius, marque une union indiffoluble, *fignificatur eo verbo,* dit ce Commentateur, *conjunctio indiffolubilis ; quæ enim glutino cunjuncta fuerint ea frangas faciliùs quàm folvas.*

Voilà donc, Meffieurs, dès l'inftitution du mariage & dans les termes du confentement d'Adam, la Loi de fa poftérité. Unité du mariage. Indiffolubilité du mariage.

Unité du mariage. Il eft impoffible que l'homme, après n'être devenu qu'un feul tout avec fa femme, contracte avec une autre cette union parfaite ; & cela par la raifon que l'homme ne peut pas être tout entier, & en même-tems, partie intégrante de deux tous.

Indiffolubilité du mariage. Cette union eft telle & fi intime, que comme, dit Eftius, il ne peut plus y avoir de diffolution, mais un déchirement : *faciliùs frangas quàm folvas.*

Ce double caractere du mariage, que, de l'aveu de mon Adverfaire, nous trouvons dans l'inftitution primordiale de ce contrat, eft-il conforme à la raifon naturelle ? Il ne faut pour le prouver que deux réflexions bien fimples.

Toute fociété doit être égale & réciproque ; delà je conclus l'unité du mariage. Une fociété ne peut fe diffoudre lorfque la *reftitution en entier* eft abfolument impoffible ; de-là je conclus l'indiffolubilité.

Par le mariage l'homme fe donne tout entier à fa femme, & la femme fe donne tout entiére à fon mari : telle eft l'effence du mariage. Mais un homme ne peut fe donner tout entier à deux femmes. Il eft alors abfolument néceffaire qu'il fe partage ; donc la poligamie détruit l'effence du mariage, puifqu'elle ôte l'égalité & la réciprocité de la convention.

Le mariage une fois contraété, établit foit entre le mari & la femme, foit entre l'un & l'autre & leurs enfans communs, des rapports qu'il n'eft plus poffible de détruire : quelque chofe qui arrive, cette femme aura toujours conçu de fon mari. Elle lui aura toujours livré le tréfor de fa virginité. Elle fera toujours mere d'enfans qui auront fon mari pour pere, & auxquels l'un & l'autre devra fes foins & fa tendreffe. Tout cela peut-il être changé ? Or comment admettre la diffolution du Contrat, lorfque la *reftitution* eft impoffible ? Comment défunir deux époux qui ont acquis des droits que rien ne peut leur ôter, & perdu des avantages que qui que ce foit ne peut leur rendre ?

Ici, Meffieurs, la Loi primitive du mariage, eft donc parfaitement conforme aux premieres lumieres de la raifon. Les paroles d'Adam infpiré répondent parfaitement & au but du mariage & à l'intention du Créateur.

Comment donc a-t'on pû vous dire, Meffieurs, que fi le mariage avoit été indiffoluble dans fon inftitution, c'étoit une loi pofitive & arbitraire, qui n'a duré que jufqu'au malheureux inftant où nos parens font déchus de leur grandeur ? Quoi ! Meffieurs, cette Loi fi fage ; cette Loi refpeétée par les Peuples, lors même qu'ils s'en font écartés ; Cette Loi fi conforme aux premier vœu de la nature, & au plan du confervateur de la fociété ; fera de la même nature, que cette Loi d'épreuve qui défendoit à l'homme de manger d'un certain fruit !

On a été plus loin, Messieurs ; & à une proposition fausse, on a joint la preuve la plus déraisonnable. Pourquoi la Loi de l'indissolubilité & de l'unité du mariage, a-t-elle cessé au moment du péché ? C'est, vous a-t-on dit, que cette alliance du premier homme & de sa femme, représentoient l'union de Jesus-Christ & de l'Eglise. Les mariages contractés depuis le péché, n'étoient plus dignes de devenir le symbole de cette union mystique : ainsi la poligamie fut alors permise, & le divorce rompit les nœuds du mariage.

Je conviens, Messieurs, que selon la doctrine de S. Paul, le mariage de nos premiers parens a figuré dès son institution, l'union de Jesus-Christ & de l'Eglise. *Sacramentum hoc magnum est in Christo & in Ecclesia.* Mais vous prêtez à S. Paul le plus mauvais raisonnement que l'on puisse faire, & une pensée qu'il n'a jamais eue.

Vous soutenez en effet, que le mariage ne fut indissoluble, que parce qu'il étoit le symbole de cette alliance ; & moi je soutiens, avec l'Apôtre, que le mariage ne fut choisi pour ce symbole, que parce qu'il étoit indissoluble. Vous croyez que Dieu fit une Loi pour que la comparaison fût juste ; moi, je prétends que la figure n'est juste, que parce que la Loi étoit faite. S. Paul a dit, le mariage naturel est *un* & *indissoluble*, donc il est l'image sensible de cette alliance mystique, qui lie individuellement & indissolublement Jesus-Christ à son épouse. Voici au contraire comment vous le faites raisonner. L'union de Jesus-Christ & de l'Eglise devoit être une & indissoluble, donc Dieu a rendu aussi le mariage un & indissoluble par forme de convenance, & & pour qu'il pût être une figure. Je ne crois pas, Messieurs, qu'il faille m'attacher plus long-tems à refuter la fausseté de cette interprétation.

Je soutiens donc, & vous en convenez avec moi, que le mariage dans l'état de la nature innocente, étoit un & indissoluble ; mais je prétends contre vous, & je soutiens avec tous les Peres & tous les Théologiens, qu'il étoit indissoluble de droit naturel (*a*) ; & que ce double caractere, &

(*a*) On expliquera plus bas, quel est le droit naturel qui rend le mariage indissoluble.

d'individuité & d'unité, a fubfifté depuis la chute du genre-humain, & fous l'Empire de la loi naturelle & fous celui de la loi écrite.

Le péché obfcurcit l'entendement de l'homme, mais n'en arracha point entiérement ni les loix que Dieu y avoit gravées en le faifant à fon image, ni celles qu'il lui avoit lui-même diftées. Les paffions dont il fut le jouet, l'écarterent bientôt de cette regle primitive, mais ne la détruifirent point. Adam n'oublia point les préceptes qu'il avoit reçus de Dieu même; la religion naturelle, le culte, les grandes vérités de morale & les premieres loix de la fociété, parmi lefquélles je range l'indiffolubilité du mariage, tout cela fut tranfmis à fes enfans par l'inftruftion paternelle; & cette tradition non écrite fit la regle des premiers hommes. Auffi jufqu'au déluge n'en voyons-nous pas un feul qui ait répudié fa femme pour en époufer une autre. Lamech fixiéme petit fils d'Adam par Caïn, eft le feul qui ait eu deux femmes à la fois, & les Peres de l'Eglife ont penfé que Dieu l'avoit maudit pour ce péché : *Primus Lamech à Deo maledictus duabus maritatus,* CONTRA DEI PRÆCEPTUM, *tres in unam carnem effecit;* Tert. de Exhort. Caft. cap. 5. Remarquez, Meffieurs, ces termes: *contra Dei præceptum.* Voilà donc un des plus habiles Docteurs du Chriftianifme qui décide contre mon Adverfaire, que le précepte de l'unité du mariage obligeoit les enfans d'Adam, & qu'ainfi le péché du premier homme n'anéantit point cette loi fi utile.

Le monde eft prêt à périr par le déluge. Noé, qui connoît depuis plus de quarante ans l'arrêt qui profcrit le genre humain, entre dans l'Arche, mais avec fa femme feule; & chacun de fes enfans n'en a qu'une. Pourquoi la néceffité de repeupler le monde, pourquoi la commifération ne l'engagerent-elles pas à prendre avec lui, ou à donner à fes fils plus d'une époufe? La loi inaltérable de l'unité du mariage faifoit partie de ce corps de vérités précieufes, qui avoient été tranfmifes jufqu'à lui.

Abraham eft appellé : il quitte un pays habité par des infidéles, &, jufqu'au moment de fa vocation, nulle ré-

vélation n'avoit frappé fon oreille. Il n'avoit pour religion & pour regle que les principes, que les nations n'a-
voient point encore oubliés; cependant il n'avoit qu'une
femme. Alors la richeffe des hommes étoit dans une poftérité nombreufe fur laquelle ils regnoient: Sara eft ftérile.
Quel motif plus puiffant pour autorifer la diffolution d'un
engagement contracté avant la vocation? Abraham n'eft
gêné par aucune loi civile. Il eft roi; mais il refpecte la
tradition qui l'éclaire. Il conferve fidélement une époufe
dont il n'efpére plus aucune poftérité.

Lorfque Dieu lui révele le choix qu'il a fait de lui, il lui
promet une foule de defcendans; il ne lui dit point encore
qu'ils naîtront de Sara. (a) Abraham cependant conferve
fon époufe unique.

De fon temps, Meffieurs, la polygamie commençoit à
s'introduire chez les nations. Qu'eft-ce que prouve ce défordre, finon que la paffion étoit plus forte que la loi,
& que les lumieres naturelles s'éteignoient chez ces peuples, que Dieu laiffoit marcher dans leurs propres voies?

Mais ce que vous devez finguliérement remarquer,
Meffieurs, c'eft que dans les pays même, où la pluralité des
femmes étoit admife, premier pas que fit fans doute la
cupidité, l'indiffolubité du mariage étoit refpectée. Les
peuples étoient encore perfuadés, fans le fecours de la révélation, que la mort feule dégageoit une femme des liens
qui l'attachoient à fon mari. Abraham va en Egypte. *Ils
me tueront*, {dit-il, *afin de pouvoir époufer ma femme*, &
il la fait paffer pour fa fœur. Pharaon, Monarque abfolu,
facrifie fa paffion pour Sara, & dès qu'il apprend qu'elle
eft la femme du Patriarche, il renonce au projet qu'il avoit
formé de la prendre pour la fienne. *Quare non indicafti
quòd uxor tua effet? quam ob caufam dixifti effe fororem
tuam, ut tollerem eam mihi* IN UXOREM? Le Roi de Ge-
rare rend le même témoignage à la maxime de l'indiffolubilité dans une occafion où Ifaac avoit eu la même crainte
que fon pere. Tant il eft vrai, dit l'Auteur des Conférences Eccléfiaftiques du Diocèfe de Paris (b), *que ces peu-*

(a) Gen. ch. 12.   (b) Conf. Eccl. Liv. 6. Conf. 4. 92.

ples quoiqu'idolâtres, étoient perfuadés qu'il n'étoit pas per-
mis à une époufe de quitter fon mari, ni d'en époufer un
autre qu'après fa mort.

Je fçai, Meffieurs, que l'on m'oppofe la naiffance d'If-
mael & la fécondité d'Agar ; celle des deux fervantes de
Lia & de Rachel. Mais outre que ces exemples ne prouvent rien, contre l'indiffolubilité du mariage ; tous les
Peres de l'Eglife ont enfeigné unanimément qu'ils ne prou-
voient rien contre fon unité.

A Dieu ne plaife, Meffieurs, que je veuille trouver
une faute dans ce mariage, où l'Apôtre S. Paul a vû le
fymbole des plus fublimes vérités. (a) Eft-ce à nous d'in-
terroger ces illuftres dépofitaires des promeffes, & ces premiers garants de leur certitude ; ces hommes qui gouver-
nés immédiatément par la Divinité qui les guidoit, la
confultoient à chaque pas, étoient éclairés par une révélation continuelle, & recevoient fur toutes les démarches de leur vie, des ordres précis qui entroient dans le
plan des Myfteres, que ces grands hommes appercevoient
de loin, & dont ils étoient la figure ?

Ce que je fçai, Meffieurs, c'eft que tous les Peres ; c'eft
que S. Auguftin, S. Thomas, & tous les Théologiens qui
ont recueilli la Tradition, ont regardé ces feconds mariages comme contractés en vertu d'une *difpenfe* formelle,
& par l'ordre exprès de Dieu, qui pour des raifons dignes
de fa fageffe, dérogea lui-même à la Loi générale qu'il
avoit établie. Je vous développerai dans un moment cette
idée ; il me fuffit d'obferver ici, que fi nos guides dans la
foi, ont cru, ont conftamment enfeigné que Dieu avoit,
dans quelques cas particuliers, *difpenfé* de la Loi de l'unité
du mariage, ils étoient donc bien éloignés de croire que
cette Loi eût ceffé de lier les hommes auffitôt après le
péché d'Adam : la *difpenfe* fuppofe la regle & la confirme ;
fi celle-ci n'exiftoit pas, celle-là feroit inutile.

Ne puis-je pas même ajouter ici, Meffieurs, que la maniere dont les Patriarches uferent de la difpenfe, étoit elle

(a) Ep. ad Gal. c. 4.

même

même une réconnoiffance de la Loi, & un hommage qu'ils
lui rendoient? Eft-ce de lui-même? Eft-ce pour contenter
fa paffion? Eft-ce même dans la vûe de perpétuer fa race,
qu'Abraham forme avec Agar cet engagement myftérieux
qui devoit relever encore la gloire de la femme libre, &
les avantages de l'héritier de la promeffe? Non, Meffieus:
Abraham a vieilli avec Sara: elle feule a fur lui des droits
irrévocables. C'eft-elle même qui difpofe, en quelque façon,
de fon mari, en vertu du contrat indiffoluble qui les unit.
Le Seigneur m'a rendue ftérile, *ingredere ad ancillam meam;
fi fortè faltem ex illâ fufcipiam filios* : les enfans de l'Efclave
doivent donc appartenir à la femme libre. Celle-ci n'en
fera pas moins la moitié d'Abraham; cette compagne qu'il
tient de la Loi naturelle, celle à laquelle il fe doit tout
entier. Agar quoique légitimément unie à fon maître, fera
fubordonnée à Sara. Le faint Patriarche reconnoît dans la
priére de fa femme l'ordre & la révélation de Dieu même. Il
affocie l'Efclave à fon lit: il la chaffe enfuite, lorfque Sara
devenue mere eut à fe plaindre de l'orgueil d'Agar & de
l'indocilité d'Ifmaël. Tout ceci étoit une figure, fuivant l'A-
pôtre; mais dans cette figure même, n'appercevez-vous
pas, Meffieurs, les traces d'une Loi refpectée par Abraham, tant qu'il ne fuit que fa volonté; d'une Loi dont il
ne s'écarte que par l'impulfion divine, qui trace à ce grand
homme une route extraordinaire & deftinée à figurer les
plus grands myfteres?

Des deux enfans d'Abraham, celui qui chaffé de la maifon paternelle, ne pût recueillir les leçons de la tradition
tranfmife depuis Adam, celui qui fut livré dans les deferts
au joug honteux de fes paffions, celui-là, Meffieurs, prit
plufieurs femmes. Ifaac époufa la feule Rebecca qu'il reçut
des mains de fon pere, feul chef & feul légiflateur de fa
famille.

Jacob fils d'Ifaac, va chercher par fon ordre une femme
dans la famille d'Abraham. Il n'en demande qu'une, &
Rachel eft l'unique objet de fes vœux.

Je fçai, Meffieurs, que par une fuite d'événemens qu'il
n'avoit point prévus, il fe trouva l'époux de deux fœurs;

D

mais cet exemple ne prouve rien en faveur de la polygamie, & prouve tout pour l'indiſſolubilité.

Rappellez-vous en effet la fraude de Laban. Jacob ne
donnoit ſa foi qu'à Rachel, & Lia, ſans qu'il le ſçût, étoit
dans ſes bras. Le conſentement mutuel eſt de l'eſſence du
mariage ; donc l'union qui venoit de ſe former, n'en étoit
point un. Jacob étoit réellement l'époux de Rachel : ils
étoient l'un & l'autre irrévocablement liés par leurs ſermens qui avoient précédé le feſtin nuptial (a), il ſe plaint de
Laban : que lui oppoſe celui-ci ? une Loi civile qu'il lui
avoit cachée. *Non eſt in loco noſtro conſuetudinis ut mino-
res ante tradamus ad nuptias.* Déja, comme vous le voyez,
les Loix que les ſociétés s'étoient faites préſidoient au mariage. Jacob eſt obligé de prendre Rachel, à laquelle il eſt
déja lié par ſes ſermens. Il ne peut abandonner Lia, ſans
enfreindre la Loi civile, ſans couvrir cette femme d'opprobre. Dans cet enchaînement de circonſtances ſingulie-
res, ce grand homme reconnoît le doigt de Dieu ; il ſe
ſoumet à ſon ordre qui lui eſt revelé. Il n'a voulu épouſer
qu'une femme ; il ſe trouve engagé à deux épouſes : la volonté, le premier vœu de ce Patriarche fut un hommage
rendu à la regle. Son double mariage, une diſpenſe néceſſaire qui entroit dans le plan des deſſeins de Dieu ſur ſon
peuple.

En vous parlant, Meſſieurs, du mariage d'Agar, j'ai
déja prévénu l'induction que tire notre Adverſaire de celui
de Jacob avec les deux Eſclaves, qui partagerent les droits
de Rachel & de Lia ; & je vas dans un moment achever de
vous développer la doctrine des Peres de l'Egliſe, qui ont
réfuté comme une erreur condamnable, la doctrine de ceux
qui concluoient de ces exemples, que la polygamie a été
permiſe juſques à Jeſus-Chriſt.

Venons, Meſſieurs, à la Loi de Moyſe : notre Adverſaire vous a dit bien nettement, que ſous cette Loi qu'il a

(a) Qui (Laban) vocatis multis amicorum turbis ad convivium,
fecit nuptias, & veſperè Liam filiam ſuam introduxit ad eum.
Gen. 28.

appellée le troifiéme état de la nature, le mariage étoit diffoluble, & la polygamie permife. Comment a-t-il prouvé
l'un & l'autre? Il a conclu que la polygamie étoit permife
de ce que quelques perfonnes que l'Ecriture ne blame point,
ont eu plufieurs femmes; & il a voulu prouver que le mariage étoit diffoluble, parce que Moyfe avoit permis le
divorce.

Ordinairement, Meffieurs, on ne prouve point quelle
étoit la Loi par les mœurs des peuples obligés à la fuivre;
mais on cherche dans la Loi quelles devoient être les
mœurs. Notre Adverfaire a fait tout le contraire. Je le
défie de citer un feul texte de la Loi de Moyfe qui ait
permis la polygamie. Auffi ne nous en indique-t-on aucun.
Mais on nous dit, David & plufieurs autres, ont eu plufieurs
femmes à la fois, & on ne voit pas que l'Ecriture ait défap-
prouvé leur conduite. Nathan reproche à David fon adultere. On ne voit point qu'il lui faffe un crime de la pluralité des femmes.

Une premiere réponfe, Meffieurs, me fuffiroit pour réfuter cette objection. L'Ecriture ne les blâme point, dites-
vous? Mais où avez-vous vû qu'elle les louât? Eft-ce à
nous de porter un jugement que l'Ecriture même ne porte
point? Refpectons, Meffieurs, fon filence, mais gardons-
nous de fournir des armes aux ennemis de notre Religion
Sainte, en donnant indifféremment comme regles de conduite, toutes les actions dont le texte facré n'eft que l'hiftorien fidéle. Cette réponfe me difpenfe d'entrer dans une
difcuffion qui pourroit devenir téméraire; mais qui le feroit toujours beaucoup moins que la hardieffe avec laquelle on a ofé à votre Audience juftifier la polygamie,
par des exemples auxquels je ne veux plus répondre que
par l'autorité des Peres de l'Eglife. Il eft tems, Meffieurs,
de vous expofer leur fentiment, & de vous expliquer leur
doctrine.

Tous ont penfé, Meffieurs, que la polygamie étoit défendue de droit naturel & de droit divin. Saint Thomas
le décide nettement; mais il fe fait enfuite l'objection des
Saints de l'ancienne Loi; objection dont notre Adverfaire

a cru triompher pour en former une regle générale contre l'unité du mariage.

Il puife fa réponfe, Meffieurs, dans la doctrine de tous
les Peres, & en particulier dans les Livres de S. Auguftin,
contre Fauftus. C'eft donc le fuffrage de ce grand Evêque
que je vas vous citer, en vous rapportant celui de fon difciple.

Saint Thomas (a) diftingue deux fortes de préceptes de
droit naturel. Il nomme les premiers *primaria jura*. Ce font
ces Loix éternelles & immuables comme Dieu même : ces
rapports néceffaires qui exiftent dans fes idées & qui tiennent à l'effence inaltérable des chofes. Dieu lui-même ne
peut changer ces rapports, il ne peut difpenfer de ces
Loix ; parce qu'elles font néceffaires de la néceffité de
Dieu même, & que le pouvoir de la Divinité ne peut rien
contre fa propre effence.

Il eft au contraire des préceptes naturels, d'un fecond
genre, & que S. Thomas nomme *fecundaria jura*. Ils naif-
fent des rapports que Dieu a librement établis comme
Créateur de l'univers, & comme Auteur de la nature. Ils
font, dans l'ordre moral, ce que font dans l'ordre phyfique
les Loix du mouvement dont un miracle a quelquefois
fufpendu le cours (b).

Ainfi, Meffieurs, Dieu ne pouvoit faire un monde où il
y eût des êtres penfans & libres qui fuffent difpenfés de
l'aimer, & de le fervir ; parce que les rapports de dépendance & de gratitude font des rapports effentiels entre le
Créateur & l'efprit quil a créé. Ces rapports nous obligent
néceffairement au premier moment de notre exiftence ;

_____

(a) S. Thomas fuppl. qu. 65. art. 2 & qu. 67. art. 3.

(b) Ne pourroit-on pas dire, pour rendre encore ceci plus fenfible,
que les préceptes *primarii juris* font aux Loix du fecond ordre, ce
que font les vérités de Géometrie aux Loix de la méchanique ? Il n'y
a perfonne qui ne fente que les vérités géométriques & les régles
fuivant lefquelles s'augmente la vîteffe du corps tombant, ne font
pas auffi effentiellement néceffaires les unes que les autres. Les premieres font d'une néceffité éternelle ; elles tiennent à l'effence de
l'efpace. Les autres font d'une néceffité qui ne tient qu'à l'harmonie
que Dieu même a établie dans le monde matériel.

Dieu nous a créés, mais il n'a point fait cette relation de lui à nous. Elle exiſtoit lors même que le monde n'étoit que poſſible ; elle étoit en Dieu comme toutes les vérités & toutes les eſſences des choſes.

Mais Dieu pouvoit faire un monde, dans lequel le mariage n'eût point été connu, une ſociété dans laquelle nous n'euſſions eu aucunes de ces rélations de maris & de femmes, de peres & d'enfans, de freres & de ſœurs. Les rapports de cette eſpéce exiſtent cependant ; ils exiſtent dans le monde tel que Dieu la créé, ils y exiſtent en vertu de l'établiſſement qu'il en a fait ; ils produiſent des regles néceſſaires, mais d'une néceſſité qui n'eſt point celle de Dieu, & dont il eſt l'Auteur.

De-là il ſuit, que ſi Dieu ne peut diſpenſer des Loix *primarii juris*, il a pû diſpenſer & il a réellement diſpenſé quelques hommes extraordinaires des préceptes de la ſeconde eſpéce. Or, c'eſt dans cette derniere claſſe que nous devons ranger la Loi de l'unité du mariage, parce quelle n'a pour objet que le bien de la ſociété, dont Dieu a fait les Loix rélativement à l'état & à la forme qu'il a voulu lui donner.

Si donc, ſans rien changer aux vérités qui font l'eſſence des êtres, il a arrêté le cours du ſoleil en faveur de Joſué ; s'il a ſuſpendu l'effet de la peſanteur des flots en faveur de Moyſe & des Iſraélites ; il a pu également diſpenſer quelques hommes prophétiques des Loix naturelles qu'il a preſcrites à la ſociété de l'homme & de la femme. Il l'a fait en faveur d'Abraham ; il l'a fait pour Jacob, pour David & peut-être encore pour quelques autres. C'eſt ainſi que quoique le vol ſoit défendu de droit naturel *ſecundaire*, Dieu ordonna aux Hébreux d'emporter les vaſes des Egyptiens. Telle eſt, Meſſieurs, la doctrine des Peres que je n'ai cherché qu'à vous rendre ſenſible ; telle eſt la réponſe que font tous les Théologiens à l'objection de notre Adverſaire ; (*a*) tel eſt en particulier le ſuffrage des ſçavans Auteurs des Conférences de Paris (*b*).

(*a*) Voyez Sylvius Suppl. qu. 5. art. 1.
(*b*) Liv. 2. 92.

Eh quoi ! l'Eglife a recours à la difpenfe , & vous voulez établir une Loi ! Vous prenez pour la régle ce que les
Peres nous donnent pour une exception qu'ils affimilent
aux miracles ! Vous allez chercher vos preuves dans quelques Canoniftes, prefque tous poftérieurs au douziéme fiécle , & vous accufez le témoignage de cette tradition
conftante que j'invoque en faveur de la Loi précieufe de
l'unité du mariage ! Tout ce que j'ai dit, Meffieurs, contre
la polygamie, n'étoit devenu néceffaire que par la hardi-
dieffe avec laquelle on vous a préfenté ce défordre comme permis par la Loi naturelle ; & défendu feulement par
la Loi de grace ; car pour me renfermer dans ma caufe,
je n'ai à défendre ici que l'indiffolubilité du mariage.

On fuppofe, Meffieurs, que le Legiflateur des Juifs leur
avoit permis de rompre les nœuds légitimes qui les attachoient à leurs époufes ; & je vas venger cet homme divin
de l'injure qu'on lui fait, contre le texte precis de fes Loix,
contre le témoignage que Jefus-Chrift lui a rendu ; enfin
contre le fentiment unanime des Peres & des Docteurs.

Pour prouver que l'indiffolubilité du mariage n'étoit
point une Loi fous Moyfe, on n'a point à me citer l'exemple de quelque Patriarche, ni de quelque homme infpiré
qui ait rompu les nœuds facrés d'un mariage valable. On
m'allegue feulement le divorce permis par la Loi. Si donc
j'établis, Meffieurs, par les termes de cette Loi même,
que le divorce ne rompoit point le lien du mariage ; que
la femme ainfi renvoyée, ne pouvoit fe marier fans être
adultere ; je crois que j'aurai bien démontré que le divorce permis chez les Juifs, n'étoit qu'une féparation des conjoints, & non une diffolution de leur engagement.

Pour vous convaincre de cette Propofition, diftinguons
bien, Meffieurs, dans la Loi de Moyfe. 1°. Les preceptes
de droit naturel qui tiennent à la Religion naturelle & à la
morale. 2°. Les Loix cérémoniales qui faifoient partie de
la Religion, fans lui être effentielles. 3°. Les Loix Civiles & de Police qui formoient le Gouvernement temporel
des Juifs.

Vous vous rappellez, Meffieurs, que Dieu avoit avec

ce peuple choifi deux rapports : l'un comme Dieu, &
fous ce rapport la nation Juive n'avoit de plus que les
autres peuples, que l'avantage de la révélation des vérités naturelles que ceux-là avoient oubliées. C'est comme
Dieu qu'il leur dit, *tu aimeras le Seigneur, & tu ne fervi-*
ras que lui; c'est comme Dieu qu'il leur dicte les Loix du
Décalogue, & qu'il leur prefcrit un culte. Mais Dieu
étoit de plus le Légiflateur civil & politique de cette nation cherie, & il l'étoit en vertu de cette alliance contractée entre lui comme Souverain, & les Ifraélites comme fes Sujets autour du Mont-Sina. Voulez-vous que le
Seigneur foit votre maître & votre conducteur ? leur avoit
dit Moyfe, de la part de ce Dieu bienfaifant. Nous le vou-
lons, répond le Camp d'Ifraël. Hé bien ! Prêtez-lui donc
ferment de fidélité. Voilà, Meffieurs, (paffez-moi ce terme) les *pacta conventa* de ce gouvernement théocratique.

Comme Dieu, il leur donna les préceptes les plus purs
de la Loi naturelle. Le Décalogue, & les conféquences de
ces vérités primordiales qu'il falloit alors reveler à l'homme aveugle & malheureux. Voilà, Meffieurs, ce que l'on
trouve dans la partie religieufe & morale des Loix de
Moyfe. Elle eft l'ouvrage de Dieu comme Dieu. Elle mon-
tre à l'homme la regle de fa conduite; elle tend à le rendre pur & jufte aux yeux du Créateur.

Mais dans la partie politique & civile de ces Loix; dans
cette portion qui regle les contrats, qui fixe les peines
temporelles que la Puiffance Civile a droit d'infliger ; en un
mot, dans ce Code adapté au caractere, au climat, aux
mœurs de la nation, Dieu comme fouverain immédiat
des Hébreux, a égard à la foibleffe de ce peuple. Il connoît
fa corruption, fon penchant à la révolte ; cette férocité
brutale qui devoit le rendre fouvent tranfgreffeur des Loix
naturelles & divines. Il ufe donc de tolérance; il emploie les
tempérammens. Il fouftrait aux peines de la Loi un abus,
qui s'il eût été profcrit par une Loi fevere, eût produit
de plus funeftes prévarications. Tel eft, Meffieurs, le plan
économique de ce Légiflateur divin.

C'eft, Meffieurs, dans la premiere partie de ces Loix ; c'eft dans le Décalogue même, que je trouve le précepte naturel & divin *non mœchaberis*; tu ne commettras point d'adultere. Et si je demande, qu'est-ce que commettre un adultere? Jesus-Christ qui, comme il le dit lui-même, n'est point venu pour violer, mais pour accomplir la Loi, nous déclare que c'est prendre pour femme, même celle que son mari a renvoyée.

Mais si le Juif brutal est obligé de vivre avec sa femme qu'il n'aime point, il la maltraitera, il pourra même aller jusqu'à la tuer. Ici la Loi civile des Juifs cherche à prévenir l'abus & la violence, & sans s'écarter du précepte naturel, elle tolere une faute pour éviter un crime : elle permet la séparation pour éviter l'homicide. *Non diffidium concedens, sed auferens homicidium* : dit Saint Jerôme.

Dieu, comme Légiflateur civil, ne peut être contraire à lui-même, consideré comme Auteur de tout bien & de toute Justice ; j'en conviens, Mrs, & c'est sur cette vérité que j'appuie principalement ma preuve : aussi, non-seulement ne voyons-nous point que Moïse en permettant le divorce ait permis aux Epoux séparés de se remarier : nous voyons même que ces nouveaux nœuds adultères étoient en abomination à ses yeux. C'est ce que je crois démontré pour tout homme raisonnable & pour tout Chrétien.

Je dis d'abord, *pour tout homme raisonnable*. Prenons en effet le texte sacré. La Loi qui permet le divorce est au chap. 24. du Deuteronome, en voici les termes : *Si acceperit homo uxorem & non invenerit gratiam ante oculos ejus, propter aliquam fœditatem, scribet libellum repudii & dabit in manu illius & dimittet eam de domo suâ.* Je demande, Mrs, à tout homme sensé, s'il y a dans ces mots rien qui indique une dissolution du Mariage ? *Dimittet eam de domo suâ* : Il la renverra de sa maison. Ne sont-ce pas la les termes les plus simples, les plus naturels pour signifier uniquement une séparation d'habitation. Eh quoi ! pour aller directement contre une Loi, quelle qu'elle fût, (car vous convenez qu'elle avoit du

moins

moins exifté dans le Paradis terreftre;) contre une Loi dont Moïfe avoit été lui-même l'Hiftorien , contre une Loi dont on ne voit pas que les Patriarches ayent jamais été difpenfés, ne falloit-il pas, Mrs, une Loi contraire bien exprefle ? vous voulez trouver dans ces termes du Deuteronome une dérogation à une Loi ancienne dont vous avouez l'exiftence , & vous donnez à la dérogation une étendue que les termes n'ont point. Mais, fi pour déroger à une Loi claire il faut une Loi aufli précife qu'elle ; fi l'exception doit être marquée par le Légifla- teur lui-même , fi elle doit être limitée au feul cas qu'elle indique ; comment de ce que Moïfe a permis de fe féparer de fa femme *dimittere à domo*, pouvez- vous conclure qu'il ait permis au mari d'en époufer une autre ? Jefus-Chrift profcrit cette interprétation ; mais les ex- preflions auroient - elles eu befoin de ce témoignage de Jefus-Chrift, fi le Juif indocile & charnel, n'en eût étendu la fignification contre le fens naturel qu'elles préfentent? En un mot, la Loi du mariage, cette Loi primitive, que vous avouez vous-mêmes avoir été promulguée avant le péché, renferme deux chofes, 1°. Union indiffoluble , engagement irrévocable , 2°. Habitation commune & devoirs réciproques. Que vois - je dans la Loi du divorce ? Moïfe permet au mari mécontent de quelque vice qui l'empêche d'habiter avec fa femme, *propter aliquam fœdi- tatem*, de la mettre dehors de fa maifon. Cette permif- fion n'eft contraire qu'à l'une de ces deux Loix ; elle fe concilie avec l'autre. Dès là je foutiens, Meffieurs, que cette autre Loi a continué d'obliger. Pourquoi ? C'eft que l'exception n'eft point faite pour elle. C'eft qu'une exception, qui dans la propre fignification des termes ne s'applique qu'à la Loi de l'habitation, ne doit point être éten- düe à la Loi de l'indiffolubilité. Cette raifon eft fuffifante pour établir que Moyfe n'a jamais penfé, que le divorce qu'il a permis fût capable de rompre l'engagement du ma- riage.

Mais je vas plus loin ; & quoique cette premiere réflé- xion foit décifive, je veux vous préfenter quelque chofe

E

de plus fort encore. Vangeons Moyſe par Moyſe même ;
je trouve dans ce même Chapitre du Deuteronome & dans
les Verſets qui ſuivent ceux que je viens de vous citer,
la condamnation formelle de votre erreur.

Vous ſçavez, Meſſieurs, que rien n'empêchoit le Juif
d'épouſer une Veuve ; il lui étoit même ordonné, dans de
certains cas, d'épouſer la Veuve de ſon frere. Vous ſçavez
de plus, que non-ſeulement l'adultere étoit un moyen de
ſéparation chez les Juifs ; mais que, deferé à la Juſtice, il
étoit même puni de mort.

Or cette femme que le Juif avoit renvoyée en lui donnant le *libelle du divorce*, tant qu'elle ne s'étoit point
remariée ſon mari pouvoit la reprendre : mais avoit-elle
contracté un autre engagement ? Avoit-elle ſouillé le ſaint
nœud qui ſubſiſtoit toujours malgré la ſéparation ? Alors ſi
ce ſecond mari venoit à mourir, il n'étoit plus libre au
premier & véritable époux de reprendre cette épouſe adultere. Pourquoi ? Parce qu'elle étoit ſouillée & abominable
devant Dieu. Ecoutez le Texte ſacré : *Cumque egreſſa alte-*
rum maritum duxerit, & ille quoque oderit eam, dederit que ei
libellum repudii, vel certè mortuus fuerit, non poterit prior
maritus recipere eam in uxorem, quia POLLUTA eſt & ABO-
MINABILIS facta CORAM DOMINO (a).

Eh ! Quel eſt donc le crime de cette malheureuſe victime
des dégouts de ſon mari ? Qu'a-t-elle fait de ſi odieux ? Si
elle eſt libre de ſes premiers ſermens, ſi les premiers nœuds
ſont rompus, celui qu'elle a formé depuis eſt une alliance
ſainte : car le mariage eſt ſaint ; elle a uſé de la liberté naturelle ; elle ne peut être coupable : cependant *polluta*
eſt & abominabilis coram Domino. C'eſt bien aſſez que,
par la tolérance de la Loi, elle échappe à la peine de mort
prononcée contre l'adultere. C'eſt aſſez que cette Loi
voie, dans la conduite du mari, un motif d'indulgence qui
écarte le ſupplice ; mais la ſéparation, cet autre effet de l'a-

(a) Voyez encore Jérem. 3. 3. *Si dimiſerit vir uxorem ſuam, & rece-*
dens ab eo duxerit virum alterum numquid revertetur ad eam ultra ?
Numquid non polluta & contaminata erit mulier illa ?

dultere, doit toujours subsister ; son mari ne doit plus la reprendre, *abominabilis coram Domino*. Voilà donc, Messieurs, un double adultere condamné par Moyse ; celui de la femme qui vit avec son mari & qui le trompe ; & celui de la femme séparée par le divorce, qui vole dans les bras d'un autre époux. Tous les deux sont défendus par la Loi divine *coram Domino* ; mais le premier est puni de mort en vertu de la Loi civile ; l'autre livré seulement au mépris & à l'infamie, par l'indulgence de cette même Loi. *Hæc permissio*, dit Estius en parlant du divorce, *hujus gèneris fuit ut non excusaret à culpâ sed tantum liberaret à pænâ*. Estius dist. 33. sect. 9.

Après un argument aussi fort, aussi victorieux, vous dirai-je, Messieurs, que les vrais Dépositaires de la Tradition des Juifs ont toujours cru que le divorce ne rompoit point les nœuds du mariage ? Vous dirai-je, que le Prophéte Malachie bien éloigné de l'opinion de ces Rabins, qui ajouterent dans la suite au Texte de la Loi, comme Jesus-Christ nous en avertit lui-même, reprochoit avec force aux Juifs ces prévarications contre la Loi, pour la justification desquelles ils osoient invoquer la Loi même ? Oui, leur disoit-il avec indignation, cette femme que vous avez méprisée, n'en est pas moins liée avec vous, en vertu d'une alliance dont vous n'êtes plus le maître. *Dominus testificatus est inter te & uxorem pubertatis tuæ quam TU DESPEXISTI ; & hæc particeps tua & uxor FŒDERIS tui.* C'est pour cette raison que le Seigneur rejette vos sacrifices : *Non respiciam ultra ad sacrificium.* Vous en demandez la cause, parce que vous croyez avoir pour vous la Loi : *& dixistis quàm ob causam ?* Apprenez donc que cette Loi du divorce, n'est qu'une tolérance de la Loi civile qui ne rompt point les nœuds du mariage. Quiconque entreprend de les dissoudre, couvre ses vêtemens de l'iniquité la plus honteuse : *Cum odio habueris dimitte ; dicit Dominus Deus Israel.* Voila sur quoi vous fondez votre excuse. Ecoutez la Loi divine, écoutez la voix du Dieu Très-Haut : *Operiet autem iniquitas vestimentum ejus, dicit Dominus exercituum.* Cet homme qui abandonne sa femme

pour en épouser un autre ; (car c'est le crime que le Prophéte reproche aux Juifs,) commet l'iniquité & se souille
aux yeux de Dieu. Cet abus vient chez vous d'une fauffe
interprétation de la Loi : *Laborare feciftis Dominum in fer-
monibus veftris.... in eo quod dicitis, qui facit malum bonus
eft in confpectu Dei.* Revenez à la regle. Ne renvoyez plus
vos femmes : *Cuftodite fpiritum veftrum, & uxorem ado-
lefcentiæ tuæ noli defpicere.* Malach. 2. 13. & fuiv.

Ajouterai-je encore ici, Meffieurs, que les Docteurs de
la Loi les plus éclairés ont toujours penfé que le divorce,
confideré même comme une fimple féparation, étoit contraire à la bonne police d'un état ; que c'eft dans la vûe
de le rendre plus rare & plus difficile, que les Commentateurs de la Loi imaginerent une foule de formalités qui
devoient accompagner le divorce à peine de nullité ? Sel-
den, dans fon Livre qui a pour titre *Uxor Hebraïca*, en
compte jufqu'à dix ; & S. Auguftin rendant raifon de ces
formalités, dans fon Livre 9. contre Fauftus, en apporte
cette raifon, *ut in diffidium animus præceps, libelli conf-
criptione refractus QUID MALI ESSET uxorem dimittere cogitaret.* Remarquez ces mots, *Quid mali effet* : ils
prouvent bien clairement, que même le *divorce féparation,* étoit regardé comme un mal aux yeux de ce S. Docteur ; à plus forte raifon étoit-il éloigné de penfer que le
divorce pût être une diffolution.

Ces moyens, Meffieurs, fuffifent pour convaincre par
les feules lumiéres de la raifon ; mais je vous ai annoncé
que je voulois encore convaincre le Chrétien, en lui pré-
fentant l'autorité de Jefus-Chrift.

Nous voici, Meffieurs, arrivés à la Loi de grace, &
fous cette Loi mon Adverfaire convient que le mariage
eft indiffoluble. Mais il prétend qu'il ne l'eft devenu qu'en
vertu d'un précepte nouveau & pofitif ; que Jefus-Chrift a
fait une nouvelle Loi, & que ce qui étoit jufte & permis
chez les Juifs, eft devenu injufte, & a été défendu aux
Chrétiens. Prouvons donc par l'Evangile que notre Maître n'a entendu que nous rappeller à un précepte naturel,
qui obligeoit les Juifs comme les Chrétiens.

Je vous ai déja fait obferver, Meffieurs, que plufieurs Docteurs Juifs avoient fur le mariage, comme fur tous les autres points de la Loi, corrompu le précepte par la Tradition. Quelques-uns avoient cru que le divorce autorifoit à fe remarier, & de cette honte devant Dieu, *abominabilis coram Domino*, que Moyfe avoit attachée à ces fortes de mariage, ils avoient fait une flétriffure purement humaine, dont l'opprobre diminua peu à peu par le grand nombre de ceux qui confentirent à le porter. Il arriva donc qu'un grand nombre de maris & de femmes féparés par le billet de divorce fe remarierent. Ce défordre prouvoit la dépravation du cœur & non une Loi qui l'autorifât. Tel étoit l'ufage des Juifs relativement au mariage, lorfque Jefus-Chrift vint pour accomplir la Loi ancienne, retrancher l'abus que le Juif en avoit fait, & donner aux hommes une Loi nouvelle de grace & de charité.

L'Evangile nous apprend que les Pharifiens qui étoient les plus zélés des Juifs, & les plus éloignés du Chriftianifme, s'approcherent de lui pour l'éprouver, & lui demanderent s'il étoit permis à un homme de renvoyer fa femme pour quelque caufe que ce fût. *Licet homini dimittere uxorem fuam quacumque ex caufâ?* Que leur répond Jefus-Chrift. Il rappelle les Juifs même auxquels il parloit à l'établiffement du mariage. *Non legiftis quia qui fecit hominem ab initio, mafculum & fœminam fecit eos, & dixit propter hoc dimittet homo patrem & matrem, & adhærebit uxori fuæ, & erunt duo in carne una? Itaque jam non funt duo fed una caro. Quòd ergo Deus conjunxit homo non feparet.* Matth. 19.

Pefons, Meffieurs, toutes ces paroles, & examinons-en l'efprit. Premierement comme je vous le difois tout à l'heure, c'eft à des Pharifiens, c'eft à des Juifs qu'il parle. Ce n'eft pas tout; il entend parler des mariages contractés dans la Synagogue; aucun de ceux à qui il adreffe fes inftructions, n'a reçu le Sacrement de mariage; donc aucun de leurs mariages n'appartenoit à la Loi nouvelle. Cependant c'eft de ces mariages des Juifs qu'il décide qu'ils font indiffolubles. Donc ce n'eft pas le Sacrement qui les rend indiffolubles. Donc le mariage l'étoit avant l'établiffement du Sacrement. Donc il l'étoit fous la Loi de Moyfe, comme fous la Loi de grace.

2°. Mais s'il eft démontré par le texte, que c'eft du mariage des Juifs que Jefus-Chrift parle, lorfqu'il dit qu'il eft indiffoluble : qu'elle eft la raifon qu'il donne de cette indiffolubilité ? L'intention & la volonté du Créateur. Le but qu'il s'eft propofé. *Mafculum & fœminam fecit eos*; il eût créé plufieurs femmes, s'il eût voulu qu'Adam pût rompre fes premiers nœuds. *Adhærebit*, ou felon le Grec, *adglutinabitur uxori fuæ*; l'homme ne fera qu'un tout avec fa femme; *Jam non funt duo, fed una caro*. Ce que Dieu a joint, que l'homme ne le fépare point: *Quod Deus cunjunxit, homo non feparet*. Il voit donc dans ces mots un précepte naturel pour les defcendants d'Adam. Si le mariage eft indiffoluble, c'eft que, dans l'intention du Créateur, l'homme& la femme ne doivent faire qu'un.

Si Jefus-Chrift eût voulu, Meffieurs, donner un précepte nouveau à fes Difciples, il auroit d'abord commencé par répondre à la queftion des Juifs : & comme ils le confultoient fur la Loi de Moyfe, il auroit répondu fur cette Loi, en leur difant, voilà les raifons pour lefquelles il eft permis de repudier fa femme; enfuite adreffant la parole à fes Difciples, il leur eût dit : vous avez été appellés à une Loi plus parfaite & plus fainte. Le mariage diffoluble chez vos peres; fera indiffoluble parmi vous. Mais il parle aux Juifs, il parle du mariage des Juifs, il parle aux Juifs qui le confultent fur ce qu'ils peuvent faire conformément à la Loi de Moyfe, felon laquelle ils ont été mariés; & il les rappelle à la Loi dictée par le Créateur, loi feule conforme au but du mariage. Dira-t-on que cette Loi qu'il cite, comme ayant obligé même les Juifs, ait ceffé d'obliger l'homme au moment qu'il a péché?

Le Pharifien infifte, & une preuve que c'étoit bien fur l'intelligence de la Loi de Moyfe qu'il le confultoit, c'eft qu'il oppofe à la réponfe de Jefus-Chrift le texte de

Moyfe comme étant une dérogation à la Loi donnée à Adam. *Quare igitur Moyfes mandavit dare libellum repudii, & dimittere ?* Si ce que vous dites eft vrai, fi le mariage eft indiffoluble parmi nous & fous la Loi que nous tenons de nos Peres, pourquoi Moyfe nous a-t-il permis de donner le billet de répudiation, & de renvoyer notre femme ? Vous voyez que le Juif entendoit bien la réponfe de Jefus-Chrift, comme je l'explique, & comme elle doit être certainement entendue. Il ne prend point le change ; on lui a dit que le mariage eft indiffoluble fous la Loi de Moyfe, & il cite, pour prouver le contraire, le texte même de cette Loi.

Jefus-Chrift, vouloit-il établir un droit plus parfait & inconnu jufques-là ? Il eût répondu : je parle pour mes Difciples. Vous avez eu raifon, tant que vous n'avez eu pour guide que Moyfe ; mais je viens vous apprendre une vérité nouvelle. Non, Meffieurs, Jefus-Chrift, tient un langage tout différent. Moyfe, leur dit-il, a permis la féparation à caufe de la dureté de votre cœur ; mais il ne vous eft point permis par la Loi naturelle de renvoyer votre femme, hors du cas d'adultère ; & toutes les fois qu'un homme qui a renvoyé fa femme en époufe une autre, il eft adultère. Telle eft la Loi inftituée par le Créateur, *ab initio.*

Le mot de *dimittit*, qu'emploie ici Jefus-Chrift, ne peut fignifier qu'une fimple féparation, & la preuve, c'eft que Jefus-Chrift permet la *dimiffion* en cas d'aldultère : & que l'Eglife nous enfeigne que l'adultère ne rompt pas le lien du mariage. Donc fuivant la doctrine de l'Eglife, le Sauveur ne parle ici que de la féparation ; & il enfeigne même, que cette féparation eft contraire à l'inftitution du mariage. C'eft un mal, mais un mal que Moyfe a toleré, pour empêcher de plus grands maux. Donc fi la féparation de corps même étoit un mal, à plus forte raifon le diffolution du lien eft-elle un crime.

Mais voici, Meffieurs, quelque chofe de plus clair encore. Jefus-Chrift parle de ceux à qui il étoit permis de donner le libelle de divorce, lorfqu'il dit, que celui qui époufe une femme ainfi féparée eft adultère. Or il n'a jamais été permis aux Chrétiens de donner le libelle de divorce. Nous ne connoiffons parmi nous de féparations forcées, que celles qui font prononcées en Juftice conformément aux Loix. Donc c'étoit du Juif, que Dieu difoit qu'il étoit adultère fi, après avoir renvoyé fa femme, il en époufoit une autre.

Faites attention, Meffieurs, je vous fupplie, à cette phrafe, qui fait le principe dont part Jefus-Chrift : *Quod Deus conjunxit, homo non feparet.* Elle contient deux propofitions. *Dieu a joint,* premiere propofition. *L'homme ne peut point féparer,* feconde propofitition. Mais obfervez que ces deux propofitions ont le même objet. C'eft ce que Dieu a joint, que l'homme ne peut féparer ; & c'eft ce que l'homme ne peut féparer, que Dieu a joint. Or, queft-ce que Dieu a joint ? Direz-vous que ce n'eft que le mariage d'Adam ? Dans ce cas, Jefus-Chrift n'a donc dit autre chofe, finon que Dieu avoit joint le mariage d'Adam, & que l'homme ne pouvoit féparer ce mariage contracté quatre mille ans auparavant. Or fi Jefus-Chrift a dit quelque chofe de plus, fi ce raifonnement ne peut lui être attribué ; donc c'eft le mariage en général que Dieu a joint ; ce font tous les mariages contactés & à contracter, que l'homme ne peut disjoindre. Dieu a joint celui d'Abraham & de Sara, celui de Jacob & de Rachel, celui de tous les hommes de l'ancienne & de la nouvelle Loi ; il a joint celui du Juif notre adverfaire. Donc c'eft en vertu de cette union que Dieu a faite lui-même, que le mariage eft indiffoluble. Donc fous tous les états de la nature que vous avez fi bien diftingués, le mariage étoit indiffoluble.

Oui, Meffieurs, Dieu a fait le mariage; Dieu a joint tous les époux, qui dans tous les fiecles fe font unis ; il les a joints, il eft vrai, non comme Réparateur, non comme Sauveur ; car je vous ferai voir dans un moment, que ce n'eft pas le Sacrement qui fait le lien ; mais il les a joints comme Créateur, comme Confervateur du Genre-humain, comme Auteur & Fondateur de toute fociété,

té, comme maître de lui impofer des Loix, & choifif-
fant celles qui font le plus conformes au but & au bonheur
de la fociété qu'il établit.

Le même Oracle du Sauveur fe trouve encore dans le
Sermon fur la montagne. Il y parle du Juif, puifqu'il y
parle de celui qui a le droit de donner un billet de divorce, & il dit que celui qui époufe une femme renvoyée, eft adultère; il dit que celui qui renvoye fa femme l'expofe à l'adultère. Voilà, Meffieurs, la Loi naturelle, la Loi fainte qui obligeoit les Juifs, lors mé-
me que la Loi civile toleroit les féparations faites par
l'Ecrit de répudiation.

Je vous ai donc prouvé, Meffieurs, premierement que
fi le mariage étoit indiffoluble entre Adam & Eve, c'étoit
par fa nature même, c'eft que qui dit mariage dit lien
indiffoluble; & en effet s'il en étoit autrement, quelle
différence y auroit-il entre le mariage & le lien honteux
du concubinage? Le concubinage ne renferme-t-il pas
une efpèce de fociété & d'engagement? mais comme ce
n'eft pas là l'engagement que Dieu a fait, ce n'eft pas là
cette union parfaite du mari & de la femme qui fe donnent l'un à l'autre, & tout entiers & pour toute leur vie.
Demander donc pourquoi le mariage étoit indiffoluble
dès le commencement, c'eft demander pourquoi il étoit
mariage. Car il n'y a point de mariage dès qu'il y a
pouvoir de fe retirer; & cette fociété paffagere contraire
au bon ordre n'eft plus qu'un concubinage, auquel la
Loi civile a fagement fait d'attacher la honte & le mépris. Cette reflexion, Meffieurs, eft encore des Auteurs
des Conférences de Paris.

Je vous ai prouvé en fecond lieu, & cette vérité eft
une fuite de la premiere, que la Loi a fubfifté dans l'état
de la nature tombée, & qu'elle a même toujours été exé-
cutée par les dépofitaires des promeffes.

3°. J'ai prouvé enfin, que fous Moyfe & fous la Loi le
mariage avoit été auffi indiffoluble que dans les deux premiers états; je l'ai prouvé, & par le Texte même de la
Loi, & par le témoignage authentique de Jefus-Chrift.

F

Aussi, Messieurs, depuis Adam jusques à Jesus-Christ, ne trouvons-nous pas un seul exemple de dissolution d'un mariage valablement contracté. La seule séparation de ce genre est celle qui fut ordonnée par Esdras, lorsqu'arrivé à Jérusalem que l'on rebâtissoit, il obligea tous les Juifs à renvoyer les femmes étrangeres qu'ils avoient épousées. Il le fit comme Juge & avec autorité : il décida conformément à la Loi civile des Juifs, non qu'un véritable mariage pût être rompu, mais qu'il n'y avoit point de mariage entre les Israélites & les femmes étrangeres qu'ils avoient prises. On sçait qu'elles étoient à cet égard les défenses de la Loi des Juifs : toute alliance étrangere leur étoit interdite, & Esdras en condamnant les Juifs prévaricateurs à renvoyer leurs femmes, ne faisoit que ce que vous faites tous les jours en déclarant nuls & abusifs les mariages des Chrétiens contractés contre les Loix. Vous ne rompez pas un lien : vous déclarez qu'il n'y en a aucun.

Aux autorités, & de Jesus-Christ & de Moyse il m'est facile, Messieurs, d'ajouter le témoignage des Peres & des Docteurs, qui sur le droit naturel de l'indissolubilité sont unanimes. S. Augustin (a), S. Jerôme (b), S. Jean Chrysostôme (c), St Epiphane, (d), S. Thomas (e), Estius, tous Théologiens qui n'ont fait que recueillir les vérités que la Tradition a fait passer jusques à nous pensent, Messieurs, que c'est de droit naturel que le mariage est indissoluble. Les Auteurs des Conférences de Paris, qui ont réuni tous les monumens de la Doctrine des Peres sur le mariage; examinent dans une Conférence particuliére ces importantes questions. 1°. Si le mariage est indissoluble de droit naturel, & 2°. S'il est indissoluble de droit divin, & sur l'une & sur l'autre question, ils décident affirmativement, ils se fondent & sur l'essence du mariage, & sur l'autorité de l'Eglise.

(a) Voyez les Livres contre Faustus, & les Traités de *Bono Conjugali*, & *de conjug. adult*. (b) *Epist. ad am.* (c) *Passim in Homil.* (d) *Hær.* 59. (e) *In Suppl. quæst.* 67, art. 1.

Enfin je défie mon Adverſaire de citer un ſeul Auteur Catholique qui ait oſé enſeigner cette étrange Propoſition que l'on n'a pas craint d'avancer à votre Audience, qui ait dit, comme on vous l'a dit dans cette cauſe, que le mariage a ceſſé d'être indiſſoluble au moment que l'homme eſt devenu pécheur.

Après ces autorités, Meſſieurs, ai-je beſoin de vous ajouter que, quoique par les Loix de Rome encore Payenne le divorce fut permis, les plus ſages & les plus éclairés des Romains, regardoient cependant comme blamable le ſecond mariage de celui qui avoit renvoyé ſa femme ? Sp. Cabilius eſt le premier qui, plus de 500 ans après la fondation de la République, répudia ſa femme pour en épouſer une autre : & que dit l'Hiſtorien qui rapporte ce fait ? *Qui quanquam tolerabili cauſa motus videbatur,* REPREHENSIONE TAMEN NON CARUIT *quia nec cupiditatem quidem liberorum conjugali fidei præferri debuiſſe arbitrabantur.* Val. Max. Liv. 2.

Quoi ! Meſſieurs, voilà un Auteur Payen qui atteſte, que les Romains encore adorateurs des faux Dieux regardoient comme répréhenſible un divorce & un ſecond mariage, dont le ſeul motif avoit été le deſir légitime d'avoir des enfans ; & l'on veut que Moyſe ce Légiſlateur inſpiré, cet ami de Dieu qui lui parloit en face ait regardé comme légitime ce que des Payens même trouvoient contraire à la Loi générale naturelle.

Oui, Meſſieurs, c'eſt de droit naturel que le mariage eſt indiſſoluble. Dieu l'a ordonné : les premiers hommes l'ont crû : les Patriarches n'en ont jamais douté ; Moyſe a voulu que les Juifs le cruſſent, lors même que par une Loi civile il leur permettoit (a) la ſéparation ; enfin Jeſus-Chriſt l'a décidé comme une vérité immuable & auſſi ancienne que le monde.

Mais, Meſſieurs, ſi le mariage eſt indiſſoluble de droit

_____

(a) *Non licebat Dei mandato ſub lege Moyſis uxorem repudiare ; ſed propter duritiam cordis Judæorum illis permittebatur, ut majus malum evitaretur.* S. Thomas, Suppl. qu. 67. art. 3.

naturel, il ne doit donc point cette indiſſolubilité au Sacrement de la Loi nouvelle qui communique aux époux la grace du Réparateur. Eh! Comment le Sacrement rendroit-il le mariage indiſſoluble? Il eſt la grace & non le lien du mariage. C'eſt une derniere reflexion, Meſſieurs, qui va achever ma démonſtration. Et en effet, s'il eſt prouvé que le mariage eſt lien indépendamment du Sacrement, & que ce n'eſt pas comme Sacrement qu'il eſt lien, il ſera démontré que le mariage du Juif n'ayant de moins que les nôtres que le Sacrement qui chez nous bénit les époux, n'en eſt pas moins un lien & un lien indiſſoluble.

Je traite, Meſſieurs, une matiere que l'on ne peut toucher avec trop de précaution. Je vas peut-être vous préſenter des idées neuves; mais ſi elles ſont vraies elles ne ſeront point des nouveautés.

A Dieu ne plaiſe qu'en mettant ſous vos yeux des vérités évidentes, je veuille donner atteinte aux Loix certaines ſous leſquelles nous vivons: *les Loix*, diſoit M. Paſchal, *ſont juſtes parce qu'elles ſont Loix*: la théorie des principes ſur le mariage, peut donner des vûes aux Légiſlateurs; mais ſeule elle ne changera jamais rien à la pratique fondée ſur des Loix qui ont eu leurs motifs de ſageſſe & de prudence.

Je ſçai donc, Meſſieurs, & je conviens que chez nous & dans tous les Etats Catholiques, les époux ne peuvent être légitimement liés qu'en recevant le Sacrement & la bénédiction nuptiale. Les Loix des Princes Chrétiens ont décidé que le Sacrement, qui par lui-même n'eſt inſtitué que pour conférer la grace, ſeroit le ſigne néceſſaire & le ſceau auquel le Magiſtrat reconnoîtroit une alliance légitime.

Mais ce que nos Loix ne ſéparent point, eſt-il inſéparable & indiviſible? Eſt-ce par lui-même que le Sacrement lie? Et le lien n'eſt-il pas par ſa nature auſſi ſéparé du Sacrement, que l'eſt le contrat d'avec la grace, & la Loi civile qui préſide à l'union d'avec la Loi de Jeſus-Chriſt qui répand la bénédiction?

D'abord, Meſſieurs, j'ai une preuve de fait avouée par

notre Adverfaire, qui frappera tout efprit fenfé. Il n'y a
de Sacrement que dans l'Eglife Catholique. Ces canaux de
grace & de bénédiction font deffechés dans les Commu-
nions Eterodoxes, & ils n'ont jamais coulé chez les peuples qui ne connoiffent point Jefus-Chrift, ou qui le blaf-
phement.

Cependant qu'un Luthérien marié fuivant la Confeffion
d'Aufbourg vienne fe réunir à l'Eglife; qu'un Juif, qu'un
Infidéle même entre dans fon fein. Ils n'ont point reçu le
Sacrement de mariage ; cependant on ne les remarie
pas, on ne leur confere point le Sacrement, on regarde
leur union contractée hors de l'Eglife, comme parfaite &
comme indiffoluble (a); Vous convenez vous-même que,
fi Mendel-Cerf fe faifoit Chrétienne, vous ne pourriez former de nouveaux nœuds, & que ceux que vous avez formés dans la Synagogue n'auroient pas befoin du Sacrement de l'Eglife pour acquerir la confiftence & l'indiffolubilité.

Donc l'Eglife même & l'Etat decident que les mariages des Infidéles contractés fuivant leurs Loix politiques
& civiles font de vrais mariages, & forment un lien.

Qu'eft-ce donc qui lie les époux l'un à l'autre ? C'eft
Meffieurs, le Contrat naturel, auquel la Loi politique
& civile prefcrit la forme dont il doit être revêtu : car
la Loi feule a le droit de prefcrire la forme des engagemens.

Que fait donc le Sacrement par fa nature, & confi-
déré fans aucun rapport avec les Loix des Souverains Catholiques ? Il confére la grace à deux époux, il les be-
nit, il répand fur eux cette influence divine qui les for-
tifie, qui les confole, qui les tourne vers Dieu; mais
par lui-même il ne fait rien autre chofe.

Chez nous, en vertu de nos Loix politiques, il fait

(a) Voyez fur l'indiffolubilité & la perfection du mariage des Infidéles, les Conférences de Paris, tom. 1. pag. 28 & 29. Elles citent
Innocent III. lui-même pour appuyer la validité du mariage des Infidéles.

plus ; car étant le fceau de l'alliance il forme même le lien, mais il eft certain qu'il ne le forme point par lui-même.

Et en effet s'il le formoit par lui-même, par-tout où le Sacrement eft conféré il y auroit mariage. Or il arrive tous les jours que l'on reçoit le Sacrement & que l'on n'eft point marié, pour avoir manqué à quelques-unes des formalités prefcrites par la Loi. Alors la bénédiction eft donnée en vain. Le Sacrement ne bénit rien, puifque le mariage, fur lequel il devroit répandre la grace ne fubfifte pas. Il eft donc vrai que la même Loi politique, qui chez les Chrétiens a voulu que le Sacrement fût le fceau & le figne de l'union, a marqué elle-même les conditions du mariage que le Sacrement devoit bénir, & a prévû les cas où le Sacrement même ne lieroit perfonne.

Je ne veux encore, Meffieurs, pour prouver cette grande vérité, que confulter la nature des Sacremens. Qu'eft-ce qu'un Sacrement ? Le figne fenfible d'une grace invifible. Or il eft inoui qu'en vertu d'une grace invifible on puiffe former une action, on puiffe exiger une dette. Cependant les époux ont des droits l'un fur l'autre ; ils contractent des obligations ; ils ont en certains cas action l'un contre l'autre. Dira-t-on qu'ils agiffent en vertu d'un Sacrement ?

Quand j'admettrois, Meffieurs, que le mariage convention eft ce figne fenfible qui opere la grace, il ne s'enfuivroit pas que le mariage ne fût lien que par le Sacrement feul ; ce feroit même tout le contraire : car il faudroit qu'il y eût mariage pour que le Sacrement fe formât.

Mais il ne peut pas même être vrai que le mariage *contrat* foit le figne fenfible de cette chofe invifible ; car par tout où il y auroit mariage, il y auroit Sacrement ; & il y auroit Sacrement chez les Hérétiques ; abfurdité à laquelle quelques Scolaftiques ont été conduits par leurs faux principes.

Il y auroit Sacrement même chez les Infideles, car le principe mene jufques-là, à moins que l'on n'aille jufqu'à dire avec d'autres Scolaftiques, qu'il n'y a point de mariage chez les Infideles , & que hors du Chriftianifme l'union la plus chafte, n'eft qu'un concubinage criminel. Il eft donc vrai que le mariage &le mariage très-légitime & très-valable, , peut fubfifter indépendamment du Sacrement , & que par lui-même le Sacrement n'eft pas un lien, mais une grace & une bénédiction répandue fur le lien.

Voulez-vous , Meffieurs , voir cette vérité prouvée par le Concile de Trente même ? Je fai que pour tout ce qui regarde la difcipline du mariage nous ne prenons point cette fainte affemblée pour notre guide ; mais fur le dogme du Sacrement de mariage rien n'eft plus certain que fa décifion , & rien en même tems de plus conforme aux grandes vérités, que je viens de vous indiquer fans avoir le tems de vous les développer.

Voici , Meffieurs , les termes du Concile ; ils font de la derniere importance dans ma caufe.

Matrimonii PERPETUUM INDISSOLUBILEM QUE nexum primus humani generis parensdivini Spiritûs inftinctu pronuntiavit , cùm dixit hoc nunc os ex offibus meis , & caro de carne mea; quamobrem relinquet homo patrem fuum & matrem & adhærebit uxori fuæ , & erunt duo in carne unâ. Hoc autem vinculo duos tantummodo copulari & conjungi Chriftus Dominus apertiùs docuit , cùm poftrema illa verba tanquam à Deo prolata referens dixit , Itaque jam non funt duo fed una caro ; ftatimque ejufdem nexus firmitatem , ab Adamo TANTO ANTE PRONUNTIATAM , his verbis confirmavit (a) Quod ergo Deus conjunxit homo non feparet. Voilà , Meffieurs , le mariage dont parle le Concile : mariage *lien* , mariage indiffoluble. Et tout de fuite voici ce qu'il ajoute, pour expliquer la nature du Sacrement.

Gratiam vero quæ naturalem illum amorem perficeret & indiffolubilem unitatem confirmaret conjugefque fanctificaret ; ipfe Chriftus venerabilium Sacramentorum Inftitutor atque perfector fua nobis Paffione promeruit.

(a) *Conc. Trid. Seff.* 24.

Voilà, Meſſieurs, le mariage Sacrement, Quel en eſt l'auteur ? Jeſus-Chriſt comme fondateur de la Loi de grace ; *Venerabilium Sacramentorum Inſtitutor, ſuâ prome-meruit Paſſione gratiam.* Au lieu que c'eſt |Dieu Créateur, Dieu Auteur & Conſervateur de la nature qui a formé le nœud du mariage. Le Concile reconnoît que le maria-ge eſt lien avant d'être Sacrement ; le Sacrement lui donne la grace, il perfectionne l'union, parceque cer-tainement la grace de Jeſus-Chriſt perfectionne nos devoîrs, en nous les faiſant remplir de la maniere la plus digne de Dieu : mais ce n'eſt point le Sacrement qui forme l'union ; elle étoit indiſſoluble avant qu'il y eût des Sacremens de la Loi nouvelle ; *Matrimonii perpetuum INDISSOLUBILEM que nexum primus humani generis parens, divini Spiritûs inſtinctu, pronuntiavit.* A l'égard du Sacrement.il ne fait point un lien, mais il le trouve, *indiſſolubilem nexum confirmat, conjuges ſanctificat.* Con-firmer n'eſt point former ; & ce nœud étoit *indiſſoluble* avant qu'il fût *perfectionné* par la grace : telle eſt la doc-trine du Concile.

Oui, Meſſieurs, je ne crains point de le dire, il n'y a perſonne de vous qui, s'il a refléchi ſur la nature du mariage, ne ſoit convaincu qu'il eſt lien & engagement par le conſentement mutuel des parties, & qu'il eſt grace par le Sacrement de Jeſus-Chriſt.

Mais l'indiſſolubilité eſt un mode du lien & non du Sacrement. C'eſt comme contrat & non comme grace, que le mariage eſt indiſſoluble. Or le Sacrement ne fait point par lui-même le lien : donc il ne fait point l'indiſ-ſolubilité.

Direz-vous que le mariage eſt lien indépendamment du Sacrement, mais que c'eſt le Sacrement qui y ajoute le caractère d'indiſſolubilité ?

D'un côté vous n'avez ni raiſon, ni autorité pour juſ-tifier cetre étrange propoſition : & moi j'ai le Concile de Trente qui m'enſeigne, que le *nœud eſt perpétuel & indiſ-ſoluble* avant que la grace du Dieu Sauveur vienne le le ſanctifier.

D'un

D'un autre côté, s'il eſt vrai que c'eſt le Sacrement qui
vient rendre indiſſoluble la convention & le paĉt naturel
que les deux époux ont faits conformément à la Lôi publique ; que nos Canoniſtes oſent donc enſeigner, aux Pro-
teſtans qui ſe convertiront, cette horrible doĉtrine ; qu'ils
leur diſent en recevant leur abjuration ; « vous venez de
» renoncer à vos erreurs aux pieds des Autels ; vous êtes
» rentrés dans le ſein de l'Egliſe : vous croyez n'avoir fait
» que ſauver votre ame ; vous vous trompez : vous avez
» rompu tous les liens qui vous attachoient à votre épouſe
» & à vos enfans ; vous avez acquis la liberté de violer des
» ſermens que vous reſpeĉtiez, tant que vos yeux étoient
» fermés à la lumiére. Si, dans la Communioh que vous
» quittez, vous euſſiez arbitrairement renvoyé votre fem-
» me pour en épouſer une autre, vous auriez été univer-
» ſellement blâmé ; vous euſſiez même été puni par les
» Loix. Mais nous bons Catholiques, nous inſtruits de la
» pure Doĉtrine des Peres, nous vous apprenons qu'aujour-
» d'hui vous êtes libre de ſuivre le caprice de votre
» cœur, & d'abandonner la femme à laquelle vous aviez
» promis une fidélité éternelle. Cette ſéparation, cette
» diſſolution cruelle qui peut-être doit couter tant de
» larmes à votre épouſe, eſt un fruit de votre réconciliation
» avec l'Egliſe. La raiſon en eſt déciſive ; vous n'avez ja-
» mais reçu le Sacrement, qui ne peut ſe conférer hors de
» ſon ſein. Dès-là votre mariage n'étoit point indiſſoluble.
» S. Ambroiſe a dit autrefois, le Concile de Meaux la re-
» pété après lui, *Baptiſmo ſolvuntur peccata, non conjugia.*
» Pour nous, nous donnons à votre abjuration un effet que
» n'avoit point du tems de S. Ambroiſe le Baptême de l'in-
» fidéle. »

Telle eſt cependant la conſéquence de votre principe :
conſéquence naturelle & néceſſaire ; mais conſéquence ef-
froyable. Donc principe faux & révoltant.

Il doit donc demeurer pour conſtant, Meſſieurs, que le
mariage tire ſon indiſſolubilité de ſon eſſence, & non du
Sacrement. Donc par-tout où il y a mariage légitime, il
y a union indiſſoluble.

G

Or le mariage que Levi a contracté suivant les Loix Juives & le Rit de la Synagogue, est un mariage légitime. Il en convient lui-même. Donc dans la regle générale, donc de droit naturel & divin, donc suivant la Loi des Juifs elle-même, ce mariage est indissoluble. Donc il ne nous reste plus qu'à examiner si les motifs sur lesquels il se fonde, forment une exception en sa faveur; exception qui doit être bien clairement marquée par quelque Loi, puisqu'il s'agit de déroger à la plus ancienne de toutes les Loix.

SECONDE PROPOSITION.

Levy n'a en sa faveur aucune dérogation : il n'est point dans le cas d'aucune exception.

Les motifs sur lesquels l'Appellant se fonde pour prouver qu'il est aujourd'hui en droit de se remarier sont 1°. Sa Conversion & son Baptême. 2°. Le refus que sa femme fait de le suivre.

Ce qu'il y a de singulier, Messieurs, c'est qu'il est obligé de convenir que ni l'un ni l'autre de ces motifs, pris séparément, ne seroit suffisant pour autoriser le second engagement qui fait l'objet de ses vœux. Si Mendel-Cerf sa femme se faisoit Chrétienne, le refus qu'elle feroit d'habiter avec lui ne dissoudroit point son mariage.

D'un autre côté, si Mendel-Cerf consentoit de suivre Levy, elle pourroit conserver tout son attachement pour la Synagogue; le mariage qu'elle a contracté ne souffriroit pas la moindre atteinte.

Je commence donc par vous demander comment deux moyens qui, seuls & chacun en particulier ne peuvent pas faire le moindre changement dans votre état, doivent collectivement produire un effet aussi important que celui de la dissolution que vous demandez? Vous avez raison de recourir à l'autorité pour soutenir de si étranges paradoxes. Mais ce n'est pas assez pour me les faire croire, ce n'est pas assez du suffrage des Théologiens qui ont écrit depuis

Gratien. Il me faudroit une autorité infaillible. Eſt-ce donc un article de Foi que vous venez me préſenter? Jeſus-Chriſt a-t-il revelé à ſon Egliſe que vous étiez le maître de rompre les nœuds qui vous attachent à votre légitime épouſe? Non ſans doute, puiſque l'on me permet de plaider contre vous.

Mais ſi la diſſolution de votre mariage n'eſt pas un dogme, s'il m'eſt permis de m'élever devant cet auguſte Tribunal contre cette opinion que l'on voudroit aujourd'hui accréditer par un de ſes Arrêts, il m'eſt donc auſſi permis de démontrer que rien, j'oſe le dire, Meſſieurs, n'eſt plus contraire à la raiſon que le ſyſtème que l'on m'oppoſe. Si je ſuis en état de le réduire à-l'abſurde, je ne crois pas que les ſuffrages que l'on m'a cités rendent le combat douteux entre nous. Il n'appartient qu'à la Foi de ſubjuguer notre entendement; l'opinion des Théologiens peut, comme toute autre, être attaquée par la raiſon, & doit toujours céder à l'évidence claire & connue.

Qu'il nous ſoit donc permis, Meſſieurs, de la conſulter dans cette cauſe. Que l'on me diſe comment il eſt poſſible de concilier avec elle le ſyſtème de notre Adverſaire. Il a été baptiſé au mois d'Août 1754. Alors de ſon aveu ſon mariage n'a point été rompu. Ainſi Mendel-Cerf a conſervé ſes droits: le nœud a ſubſiſté après le Baptême tel qu'il étoit auparavant. Qu'eſt-il arrivé depuis? Votre femme a refuſé de vous ſuivre. Je n'examine point ici ſi vous avez fait ce que vous deviez pour regagner ſon cœur, pour lui faire oublier & le mépris cruel dont vous avez payé ſa tendreſſe, & les déſordres qui ont profané le ſaint engagement que vous avez contracté avec elle. Peut-être me ſuffiroient-ils pour vous prouver que, même Chrétienne, elle feroit en droit de demander ſa ſéparation & l'obtiendroit de nos Loix. Mais je veux rejetter ſur Mendel-Cerf une injuſtice, qui vrai-ſemblablement eſt votre ouvrage. Que fait au nœud qui vous lie ce refus injuſte? Votre Baptême, je le repéte, ne l'a point rompu; le refus que fait votre femme de remplir ſes devoirs, aura-t-il plus de pouvoir? Seul il ne donneroit aucune atteinte au mariage. Le détruira-t-il,

parce qu'il eft joint à une autre circonftance, qui elle-même eft auffi incapable de le diffoudre. Votre femme refufe
de vous fuivre? N'êtes-vous pas l'un & l'autre fous la protection des Loix? Qu'elle fût Chrétienne & quelle refu-
fât d'habiter avec vous, vous feriez en droit de l'y obliger;
la loi vous indiqueroit des formes pour y parvenir, &
viendroit à votre fecours. Mendel-Cerf Juive n'eft-elle pas
foumife aux mêmes regles, fujette du même Prince, jufti-
ciable des mêmes Tribunaux? Vous avez donc des voies
pour la forcer de revenir auprès de vous : & fi le refus que
fait une Chrétienne de fuivre fon mari ne peut jamais opérer
la diffolution de fon mariage, je ne vois pas que le refus
d'une Juive ait cet étrange privilège.

Ainfi, premier caractere de déraifon dans votre fyftème :
vos deux moyens diftributivement ne peuvent pas même
affoiblir l'obligation ; donc pris enfemble ils ne peuvent
pas l'anéantir.

Second caractere de déraifon. Pour que vous puiffiez
vous remarier, il faut que votre premier mariage foit rompu. Le fecond engagement doit être précédé de la diffolution du premier. Il faut donc que vous puiffiez m'indiquer un inftant où vous ferez devenu libre : car de votre
aveu, votre converfion ne vous autorife pas à avoir deux
femmes. Si donc il vous eft impoffible d'affigner l'inftant
de votre liberté, il vous l'eft également d'indiquer celui où
vous pouvez époufer un autre femme.

Or quel eft le moment où votre premier engagement
eft rompu? Eft-ce celui ou Mendel-Cerf a refufé de vous
fuivre? Cela ne peut pas être : car il faut que vous conve-
niez que fi dans ce moment même elle venoit vous rejoindre, vous n'auriez plus aucun prétexte pour vous remarier. Elle peut venir vous chercher jufqu'au pied de
l'Autel où vous jurerez à une autre une fidélité adultere.
Elle peut arrêter le Miniftre par qui vous voulez faire bénir ces nœuds facrileges.

De-là il fuit qu'il n'y a pas de moment où vous foyez
libre, & que vous ne pouvez affigner d'autre inftant à la
diffolution de votre mariage, que celui dans lequel vous en

contracterez un fecond. Ainſi le même point de tems réu-
nira & le premier & le fecond contrat ; ce fera vous ſeul,
ce fera votre volonté qui rompra votre premier engagement ; & le ſeul acte qui diſſoudra ce traité naturel
& facré fera celui par lequel vous en deviendrez l'infrac-
teur.

Mais je ſoutiens, Meſſieurs, que cette hypothèſe eſt
impoſſible. Je vas vous établir que dans ce moment même
Levy ne ſera point libre, & je veux vous le démontrer
dans toute la rigueur géométrique.

Pour que Levy devienne l'époux d'Anne Thevard, il faut
deux choſes ; 1°. que Levy lui donne ſa foi : 2°. qu'il
reçoive la ſienne. *Je vous prends pour femme*, dit le mari :
mais le mariage n'eſt point encore parfait juſqu'à ce que la
femme ait dit de ſon côté : *& moi je vous prends pour
époux.*

Or juſqu'à ce que votre mariage avec Anne Thevard
ſoit parfait, Mendel-Cerf, de votre aveu, a la liberté de
revenir à vous : elle eſt encore votre femme. Les droits
qu'elle a ſur vous ne ſont point anéantis ; donc dans le
moment même où vous direz à Anne Thevard, *je vous
prends pour femme*, vous aurez encore Mendel-Cerf pour
époufe : elle peut après votre ferment proféré venir réclamer l'exécution de celui que vous lui avez fait ; donc voilà
un inſtant dans lequel vous faites un ferment que vous
n'êtes pas encore le maître de garder. Vous avez une
femme : elle eſt encore la moitié de vous même ; & vous
en prenez un autre.

Or, *ex conceſſis*, pour que vous faſſiez à Anne Thevart
le ferment de mariage, il faut que vous ſoyez *liberé* abſolument de celui que vous avez fait à Mendel-Cerf ; donc
votre nouveau ferment ſera une prévarication & un adultere. Seconde abſurdité inſéparable de votre ſiſtême. Im-
poſſibilité de faire précéder le ſecond nœud par la diſſolution du premier.

Inutilement me diroit-on que je diviſe ici ce qui ne peut
être diviſé ; que lorſque l'on contracte un mariage le ferment que l'on fait ſuppoſe celui que l'on va recevoir ; que

fi la promeffe de la femme ne fuit pas, celle de l'homme ne l'oblige point, & que celui-ci a donc fait fans crime un vœu qu'il n'étoit point encore fûr de remplir.

Prenez garde en effet, Meffieurs, à la différence : il y en a une grande entre promettre ce que l'on n'eft pas fûr de tenir dans le cas où un obftacle étranger rendroit impoffible l'exécution de la promeffe, & promettre ce que, dans l'état où l'on eft, l'on ne peut & l'on ne doit point tenir. Cet homme à qui vous voulez vous comparer, eft libre de tenir fa parole, & vous ne l'êtes pas. Qui que ce foit n'a des droits fur lui ; & votre femme, de votre aveu, conferve tous les fiens. Il n'eft pas même téméraire, & vous êtes parjure. Le changement de volonté dans l'époufe qu'il fe promet peut le dégager fans qu'on doive lui rien imputer, au lieu que pour vous, vous êtes lié par une chaîne que vous n'avez point brifée, & que vous traînez encore lorfque vous demandez de nouveaux liens. Ce ne font point là, Meffieurs, des fubtilités métaphyfiques, ce font des preuves gèométriques aufquelles je défie notre Adverfaire de répondre, à moins qu'il ne veuille faire admettre pour principe, que l'on peut prendre une femme dans le temps même que l'on fe doit tout entier à une autre.

Mais à ces inconféquences, dont il eft impoffible de me montrer la folution, j'ajoute, Meffieurs, un troifiéme caractere de déraifon d'autant plus frappant pour les Magiftrats, qu'il tend à donner atteinte aux maximes les plus précieufes à l'Etat, à l'Eglife, à la foi Catholique ; à l'*Etat*, dont la Religion n'a jamais troublé l'harmonie ; à l'*Eglife*, dont l'Empire doit s'étendre par tout l'Univers fans donner atteinte aux loix des Empires dont elle fera la conquête ; *à la foi Catholique*, qui ne parviendra à éclairer les nations encore aveugles, que lorfqu'elles feront bien convaincues que fa lumiere ne détruira chez elle que les vices, & ne changera rien à l'état des Citoyens.

C'eft, Meffieurs, un principe certain & inébranlable ; c'eft peut-être une vérité de foi, que Jefus-Chrift en annonçant au monde le myftere de la Redemption, & en apportant aux hommes les moyens de s'en appliquer les fruits n'a rien voulu changer à leur état, à leur condition & à toutes les loix civiles qui n'étoient point contraires à la loi Naturelle. Les Princes ont confervé leur autorité & tous leurs droits fur leurs Sujets. Les maris ont gardé leurs femmes & ne leur ont été que plus fidéles. Les enfans ont continué de trouver dans les loix publiques le titre de leur légitimité, le droit à la protection & aux foins de leurs parens. L'efclavage même, ce droit odieux & fi contraire à la liberté naturelle de l'homme, n'a point été détruit par la religion Chrétienne ; l'Apôtre nous l'enfeigne formellement, & s'il a été aboli par la fuite, la nature humaine doit cet avantage, non aux préceptes de l'Evangile, mais aux mœurs des Princes adoucis par fa doctrine.

Cette vérité a été enfeignée par Jefus-Chrift même, profeffée par fes difciples, préfentée aux Empereurs par les premiers apologiftes du Chriftianifme, comme la preuve la plus certaine de l'injuftice des perfécutions. Ce principe, Meffieurs, eft le fondement de nos libertés, c'eft l'axiome dont découlent tant de maximes facrées, dont vous êtes les dépofitaires, & que vous ne pouvez abandonner fans trahir le Souverain.

Eh quoi ! Meffieurs, dans le fyftême de notre Adverfaire la grace toute fpirituelle du S. Baptême dérangera donc l'ordre des contrats & des conventions les plus faintes. Cette onction intérieure qui juftifie le pécheur anéantira l'état du Citoyen ; & parce que vous êtes fanctifié il faudra que vous foyez parjure. Dans quelle dépendance, Meffieurs, veut-on mettre nos loix ? Voulez-vous que la fociété ait à gémir des acquifitions que fera l'Eglife ? Que vois-je dans mon Adverfaire ; ou plutôt qu'y veux-je voir ? Un membre de Jefus-Chrift, un élu, un jufte, un homme pénétré de reconnoiffance, rempli de charité ; en un mot un enfant de Dieu & de l'Eglife. Mais toutes ces qualités fi précieufes, fi défirables, exifteront dans fon cœur, fans produire aucun trouble, aucune altération dans les rapports qui l'attachoient à l'état, à fa femme, à fes enfans, à fa famille. S'il en étoit autrement, Meffieurs, je le dis en frémiffant des conféquences d'un principe que l'on veut vous faire admettre; cette religion si sainte & si juste; cette religion qui est venue accomplir toute loi ; dont la morale n'est que la pratique la plus pure du droit naturel ; dont les maximes se concilient si bien avec les principes de tout gouvernement; cette religion que la politique des Souverains eût dû adopter quand la grace n'eût pas éclairé leur esprit & changé leur volonté; la religion de Jesus-Christ, Messieurs, seroit destructive de la société civile & contraire au sistême & à l'économie de tout gouvernement. Prenez-y garde, le systême que l'on vous présente met necessairement la sagesse des Souverains en contradiction avec leur piété, & ferme à la foi Chrétienne tout accès chez les peuples qu'elle n'a point encore éclairés.

Entrez, Messieurs, dans le conseil de l'un de ces Souverains, qui n'ont point encore vu l'aurore du jour qui nous luit; Magistrats & Magistrats chrétiens, il vous sied d'avoir ces grandes vues. Supposons ce Prince instruit par quelqu'homme apostolique, convaincu de la vérité de la religion. Prêt à en permettre le culte dans ses états, il est occupé à confronter les loix & les usages de l'Eglise avec l'ordre qui regne dans la société civile, dont Dieu même l'a établi le chef. Il ouvre l'Evangile; qu'y voit-il? La soumission aux Princes recommandée à tous les Chrétiens, le respect pour les loix, l'horreur de l'adultere & du parjure, l'attachement aux parens, la fidélité aux conventions. Que desormais la loi de Jesus-Christ soit la loi de mon Empire, s'écrie-t-il avec transport. Un Ministre l'arrête. Oui, Prince, voilà ce qu'a dit l'Evangile, voila ce qu'enseigne le légis-lateur des Chrétiens. Mais songez-y, dans ces derniers siécles des Docteurs particuliers ont ajouté à cette loi, & leur opinion est regardée comme une regle. Ceux de vos sujets qui auront reçu le Baptême seront libres de rompre les nœuds qui les attachent à leurs femmes, dès que celles-ci refuseront d'habiter avec eux. Tous les époux lassés l'un de l'autre auront un moyen sûr de contracter de nouveaux engagemens. Oui, Prince, la femme même assise avec vous sur le trône, du moment que vous aurez été régénéré par le premier Sacrement de cette religion, sera la maîtresse

de

de fe retirer d'auprès de vous ; elle vous rendra une trifte
liberté qui lui donnera le droit de fe procurer la licence
la plus funefte à vos enfans. Voilà le défordre dans votre
Empire, le deuil dans votre maifon, le trouble dans toutes
les familles : voilà le plus faint le plus inviolable des con-
rats dépendant de l'opinion des Théologiens de cette Religion ; dependant même de la volonté de ceux qui embraf-
feront ce nouveau culte. Quel motif puiffant Meffieurs,
pour arrêter ce Prince, pour rendre inutiles fes deffeins,
pour faire avorter tout le fruit des travaux apoftoliques.

Mais, Meffieurs, allons plus loin, & continuons notre hypothèfe. Ce Souverain fera-t-il arrêté par une opinion auffi contraire à fes droits ? Quel eft l'Evêque, quel
eft le Docteur, quel eft le Chrétien éclairé qui n'ap-
prouvât la conduite de ce Prince, fi en embraffant &
les dogmes & le culte de la Religion Chrétienne, il défendoit à fes fujets convertis de rompre dans aucun cas
les nœuds indiffolubles de leurs mariages légitimes ?

Allez donc jufqu'à foutenir que ce Monarque religieux
feroit rebelle à l'Eglife, dans le moment même qu'il em-
brafferoit fes dogmes. Ofez avancer qu'il excéderoit fon
pouvoir, en ne fe croyant point lié par le Décret de
Gratien. Dites qu'il vaudroit mieux que fon peuple reftât
dans les ténébres de l'infidélité, que de voir ce Prince fa-
crifier à la bonne police de fon Etat la prétendue autorité de votre décrétale.

Il eft donc vrai, Meffieurs ; que l'opinion que l'on
m'oppofe ne tient point à la Foi. Or fi elle eft totale-
ment étrangère à nos dogmes, je demande fi tous les Souverains ne peuvent pas faire ce qui conftamment feroit
permis à ce Monarque néophyte ? Je demande en fecond lieu fi les Cours Souveraines, dépofitaires de leur
autorité, doivent fe croire obligées de déférer à une opinion auffi déraifonnable en elle-même, qu'elle eft contraire & aux principes du droit naturel, & à la bonne
police des états, & aux droits inaltérables des Princes fur
la fociété civile de leurs Sujets.

Je vous ai démontré, Meffieurs, & l'injuftice & l'ab-

H

furdité , & les inconvéniens énormes de cette opinion.
Injuſtice : elle eſt contraire au droit naturel , à la
foi des contrats , à l'inſtitution , au but du mariage ,
au ferment que ſe font les conjoints : *abſurdité* ; elle n'eſt
fondée ſur aucun principe ; elle eſt un tiſſu d'inconſé-
quences. *Inconvéniens* : elle devient la ſource des abus
les plus énormes , elle rend notre religion odieuſe aux
Princes qui regarderoient ce paradoxe comme faiſant partie des vérités révelées.

De là , Meſſieurs , je tire une conſéquence. C'eſt que pour
peu que le paſſage de S. Paul, dont la fauſſe interprétation
a égaré quelques Théologiens , ſoit équivoque , il doit être
expliqué par le droit naturel , & par les Loix ſaintes que
je vous ai expoſées. Suppoſera-t'on en effet, qu'un génie
comme Saint Paul , qui inſtruit & inſpiré par Jeſus-Chriſt
a ſur-tout recommandé la ſoumiſſion aux Loix , a voulu
que les eſclaves Chrétiens portaſſent leurs fers avec joye
& avec ſoumiſſion ſous un maître infidele , ſuppoſera-
t'on dis-je , que ce grand Apôtre ait voulu qu'un nœud
que la Loi naturelle preſcrit & dont la Loi civile a
toujours dicté les formes , un nœud dont lui-même nous
enſeigne l'indiſſolubilité , ſoit dans aucun cas rompu par
le Juif devenu Chretien ? Je le répéte donc , ſi le paſſage eſt équivoque , les Docteurs que vous m'oppoſez l'ont
mal interprété.

Que ſera-ce donc , Meſſieurs , ſi je vous démontre que
le ſentiment de Saint Paul eſt parfaitement conforme &
à la Loi de l'inſtitution du mariage , & à la tradition venue
d'Adam , & à la parole de Jeſus-Chriſt qui prononce que
le mariage des Juifs eſt auſſi indiſſoluble que celui des
Chrétiens. Ouvrons , Meſſieurs , le livre divin. Je combats ici pour la doctrine la plus pure & de Jeſus-Chriſt &
& des Apôtres.

L'Apôtre parle du mariage en deux endroits de ſes Epîtres. Il parle du lien dans le ſeptieme chapitre de ſon
Epître aux Romains ; & il traite dans le ſeptieme chapitre
de la premiere aux Corinthiens , des devoirs des deux
époux l'un envers l'autre.

Parle-t-il du nœud du mariage ? Voici, Messieurs, comment il s'explique : (*a*) *Quæ sub viro est mulier vivente viro,* ALLIGATA *est legi : si autem mortuus fuerit vir ejus,* SOLUTA *est à lege viri. Igitur vivente viro vocabitur* ADULTERA *si fuerit cùm alio viro : si autem mortuus fuerit vir ejus* LIBERATA *est à lege viri.* Ici, Messieurs, point d'exception : la maxime est générale. La femme est *liée* à son mari par des chaînes que la mort seule peut rompre. En quelque cas que ce soit, si elle prend un autre homme elle est adultère. *Vocabitur adultera.*

Dans le septieme chapitre de la premiere Epître aux Corinthiens, Saint Paul ne parle plus du lien du mariage ; mais du devoir réciproque des époux. Et la preuve en est que sa doctrine commence par ces mots : *Uxori* (*a*) *vir* DEBITUM, *reddat similiter autem & uxor viro*; *mulier sui corporis potestatem non habet sed vir*, *similiter autem & vir sui corporis potestatem non habet, sed mulier* Rien n'annonce là, Messieurs, que l'Apôtre aille traiter du lien du mariage ; tous les termes font voir qu'il n'entend faire rouler son instruction que sur le devoir conjugal. Il ajoute, *nolite fraudare invicem.* Voilà dans le peu de mots que je vous ai déja cités, la maxime générale & la Loi commune prescrite par l'Apôtre. Il n'est question dans ce chapitre que des devoirs, de la dette du mariage, de cette espèce de tribut auquel les époux font obligés & que l'Apôtre désigne plus bas par le mot de servitude. Ils doivent s'y soumettre.

Il admet ensuite deux exceptions à la régle générale.

_____

(*a*) La femme qui a un mari est liée à la Loi du mariage tant que son mari est vivant. S'il vient à mourir, alors elle est déliée ; si donc du vivant de son mari elle en prend un autre, elle mérite le nom d'adultere. *Rom.* 7.

(*b*) Que le mari rende à la femme ce qu'il lui doit, & que la femme en use de même à l'égard de son mari. Le corps de la femme n'est pas en sa puissance, mais en celle du mari ; de même le corps du mari n'est pas en sa puissance, mais en celle de la femme.

La première est celle d'un consentement mutuel fondé sur des motifs de piété. Car après avoir dit: (a) *nolite fraudare invicem*, il ajoute: *nisi forte ex consensu ad tempus ut vacetis orationi, & iterum revertimini in idipsum, ne forte tentet vos Satanas.* Telle est, Messieurs, la doctrine des cinq premiers versets du chapitre.

A l'occasion de ce consentement mutuel auquel la piété peut porter des époux, il fait envisager aux Chrétiens que ce devoir est un poids qui attache l'ame à la terre, & il leur conseille de ne point se marier. *Dico autem non nuptis & viduis, bonum est illis si sic permaneant sicut & ego... Quod si non continent, nubant.* Voilà le conseil distingué du précepte.

La seconde exception a la régle générale, qui prescrit l'habitation commune, est, Messieurs, le cas du fidele qui se trouve lié à une femme infidele. Mais afin de faire voir que ce n'est qu'une exception au devoir général, il repete ici le précepte. Et après avoir dit: *non nuptis & viduis dico bonum est si sic permaneant sicut ego*, il ajoute; *Iis autem qui matrimonio juncti sunt, præcipio non ego sed Dominus, uxorem à viro NON DISCEDERE, quod si DISCESSERIT, manere INNUPTAM aut viro suo reconciliari, & vir uxorem non dimittat; nam cæteris ego dico non Dominus.*

Voici donc le sens de ces paroles: à l'égard de ceux qui ne sont point mariés ou qui sont veufs, je leur conseille de rester comme je suis; c'est un état avantageux pour la piété: quant à ceux qui sont mariés, ce n'est plus ici un conseil que je donne, c'est un précepte du Seigneur, *præcipio, non ego sed Dominus.* Que la femme ne se retire point d'avec son mari; si elle s'en retire, elle doit demeurer sans se remarier, ou plutôt se reconcilier avec son mari; que le mari de son côté ne renvoye point sa femme: Voi-

---

(a) Ne vous refusez point ce devoir l'un à l'autre si ce n'est du consentement de tous deux, & pour un tems, que vous voudrez donner à la priére, mais ensuite revenez l'un à l'autre comme auparavant de crainte que le démon ne vous tente.

là la Loi du Seigneur ; ce que j'ai dit plus haut aux autres *cæteris* , ce n'est point un précepte mais un simple
conseil , *nam cæteris ego dico , non Dominus.* (*a*)

Une observation importante que je vous supplie de faire
c'est que l'Apôtre se sert ici du mot *discedere* , pour exprimer bien certainement une simple séparation d'habitation ; puisqu'il ajoute que la femme *quæ discessit* doit *manere innupta : uxorem à viro non DISCEDERE ; quod si
DISCESSERIT , manere INNUPTAM.*

Suit l'exception dans le cas de la différence de Religion
des deux conjoints , & l'Apôtre distingue : le conjoint infidéle consent-t-il d'habiter avec le fidele ? Qu'ils demeurent
ensemble : car le fidéle sanctifie l'infidéle. Que si l'infidéle (*b*) veut se retirer , le fidéle est alors libre de se séparer :
*Si quis frater uxorem habet infidelem , & hæc consentit
habitare cum illo , non dimittat illam : & si qua mulier fidelis habet virum infidelem & hic consentit habitare cum illá ,
non dimittat virum ; sanctificatus est enim vir infidelis per
mulierem fidelem, & sanctificata est mulier infidelis per virum
fidelem.* Jusqu'ici , Messieurs , il ne s'agit certainement que
de l'habitation du mari avec la femme.

(*a*) Plusieurs Commentateurs de l'Ecriture rapportent ces mots ,
Ego dico , non Dominus, à ce qui suit & non au conseil que l'Apôtre
a donné plus haut. Ils ne mettent qu'une virgule & non un point
après *non Dominus.* C'est ainsi que S. Augustin lisoit le Texte , & il
en conclut dans son Traité *de conjug. adult.* contre Pollentius , que
l'Apôtre conseille au mari fidéle de demeurer avec sa femme infidéle qui y consent ; mais qu'il ne le lui ordonne point sous peine
de péché ; cependant le mot *Nam* qui précéde *cæteris ego dico , non
Dominus,* paroît prouver que cette phrase n'est que la suite de la
précédente , & non le commencement de la seconde. Au surplus la
ponctuation est ici indifférente ; car à quelque membre que se rapporte cette phrase , & soit que l'Apôtre ait voulu donner un Conseil ou un précepte au mari Néophite , le même S. Augustin enseigne
formellement dans ce Livre , que dans le cas même de la discession
de l'infidele , le mari fidele ne peut se remarier.

(*b*) Observez que l'Apôtre ne suppose pas même que la discession
puisse venir du fidéle.

L'Apôtre ajoute : (a) *Quod si infidelis discedit, discedat:*
non enim servituti subjectus est frater aut soror in hujus-
modi. In pace autem vocavit vos Deus.

Quel est le sens de ces mots ? Rien de plus clair. Si le
conjoint infidéle se retire, le devoir du mariage cesse. Le
fidéle peut laisser aller celui qui l'abandonne, alors le mari
Chrétien ou la femme Chrétienne ne sont plus assujet-
tis à cette espèce de servitude : *servituti in hujusmodi.*
Dieu nous a appellés pour vivre en paix.

Ces expressions si simples, si naturelles pour indiquer
les devoirs du mariage, & la cessation de la servitude à
laquelle ils obligent, signifient-elles donc que dès-lors
les conjoints soient libres de se remarier à qui ils le voudront ? Leurs liens sont-ils rompus ? Entendre ainsi ce passage, c'est lui donner une interprétation forcée, c'est y
voir ce que l'Apôtre ne pensa jamais.

1°. S. Paul ne parle point là de la rupture du lien ;
il n'enseigne point que l'engagement soit anéanti ; qu'un
second mariage soit permis : & un point aussi important
méritoit certainement que S. Paul s'expliquât : il l'eût fait
s'il eût cru les conjoints libres de se remarier.

2°. S. Paul ne le pouvoit pas même : il étoit trop bien
instruit de la doctrine de son maître pour se croire en droit de
délier des nœuds que la loi naturelle & la loi civile avoient
formés. Il pouvoit, il devoit même instruire les Chrétiens
sur des devoirs de conscience ; c'est ce qu'il fait dans ce
chapitre : mais il ne pouvoit prononcer sur des engagemens
que Jesus-Christ lui-même avoit déclarés indissolubles, &
dont la dissolution eût troublé l'harmonie des états & donné
atteinte aux Loix de l'empire que Jesus-Christ & ses Apôtres n'ont jamais voulu troubler.

3°. Dès qu'il est clair que dans tout le passage il ne
s'agit que d'une séparation d'habitation, & d'une exception aux devoirs du mariage, dont l'Apôtre commence

_____

(a) *Que si l'infidéle se sépare, que le fidele le laisse aller, parce qu'un*
frere ou une sœur ne sont plus assujetis en cette rencontre. Dieu
nous a appellés pour vivre en paix. C'est ainsi que M. de Sacy traduit
ce passage.

par faire une Loi, comment a-t-on pû entendre ces derniers mots d'une véritable diſſolution du lien ?

4°. Le mot *diſcedere, diſcedat* dont S. Paul ſe ſert dans cette derniere phraſe eſt le même qu'il a employé plus haut pour exprimer une ſimple ſéparation d'habitation. *Dico uxorem à viro non diſcedere ; quod SI DISCESSERIT MANERE IN-NUPTAM.* Or par quelle ſingularité veut-on que le même terme ſe prenne dans un ſens au commencement du paſſage, & dans un autre ſens à la fin ? La ſaine Logique, Meſſieurs, & l'eſprit de juſtice preſcrivent une regle toute contraire à celle qu'ont ſuivi les interprétes que l'on m'oppoſe. Car où on voit le même ſigne, on doit juger la même choſe, & le même mot dans deux endroits repréſente dans l'un & l'autre la même idée, à moins qu'il ne ſoit évident que l'on a voulu l'employer dans un autre ſens.

Ici quelle preuve a-t-on que S. Paul après avoir fait ſignifier au mot *diſcedere* une ſimple ſéparation *à thoro*, ait voulu que ce même terme ſignifiât dans ſa ſeconde Propoſition une libération *à vinculo* ? Il faudroit pourtant une preuve claire & évidente pour l'établir ; d'un côté, parce que cette variation dans le ſens d'une expreſſion eſt contre la regle ordinaire & l'uſage commun ; d'un autre côté, parce qu'il s'agit ici d'une exception à une maxime que l'Apôtre vient d'établir ; enfin parce que dans le ſens de notre Adverſaire, il s'agit non-ſeulement d'une exception à la maxime générale ſur les devoirs du mariage dont parle l'Apôtre ; mais qu'on veut même lui faire ſignifier une dérogation à la Loi de l'indiſſolubilité établie par Jeſus-Chriſt lui-même & enſeignée par l'Apôtre.

Quoi ! Meſſieurs, on veut me prouver que Saint Paul a enſeigné qu'il y avoit un cas où le mariage n'etoit pas indiſſoluble ; & l'on me produit un paſſage où il ne s'agit point de la diſſolution du lien ! Pour l'y trouver on eſt obligé de changer le ſens d'un mot, nonſeulement contre ſe propre ſignification, car *diſcedere à viro* ne ſignifiera jamais que quitter ſon mari, & non en prendre un autre ; mais encore contre le propre ſens que Saint Paul lui a donné dans le premier membre de ſa phraſe ; *ſi diſceſſerit oportet manere innuptam !*

Mais, me dira-t'on, que fignifient donc ces mots qui forment le motif de la décifion de Saint Paul , *non enim fervituti fubjeltus eft frater aut foror in hujufmodi ?* Ce qu'ils fignifient Meffieurs? Eh ! de quelle fervitude l'Apôtre a-t-il parlé plus haut ? Quelle eft la fervitude du mariage qu'il a exhorté les époux a remplir ? *Uxori vir DEBITUM reddat , & fimiliter uxor viro.* Le mot *in hujufmodi* ne fait-il pas voir clairement que Saint Paul parle ici de ce genre de tribut dont il s'eft expliqué plus haut ? Mais voulez-vous une preuve complette , que très-certainement le terme de fervitude ne s'entend point ici du lien du mariage ? C'eft ce qui fuit & que l'on trouve trois verfets plus bas ; *Unus quifque in quâ vocatione vocatus eft in eâ permaneat.* Que chacun refte dans l'état où il a été appellé. Il étend cette maxime à toute efpéce de lien , ne fût-il fondé que fur les Loix civiles , puifqu'il ajoute immédiatemement après cette maxime générale , *fervus vocatus es ? Non fit tibi cura.* Eh quoi ! L'Apôtre enfeigne que même l'efclavage civil n'eft point détruit par la grace du Baptême , & l'on veut que le lien naturel d'un mariage légitime foit rompu lorfque l'époufe infidele fe fe fépare de fon époux Chrétien !

Mais, Meffieurs , il femble que S. Paul ait lui-même prévu & voulu prévenir l'abus que l'on feroit de ce paffage. Après avoir établi fa doctrine fur les féparations de corps : il vient à parler dans les derniers verfets, du lien indiffoluble des conjoints; & voici comment il s'en exprime, *mulier alligata eft legi quanto tempore vir ejus vivit, quod fi dormierit vir ejus LIBERATA EST , cui vult nubat.* Obfervons ce terme, Meffieurs, *liberata eft* ; ce n'eft plus ici une *féparation* , c'eft une *libération* ; ce n'eft pas une *difceffion* c'eft une *diffolution.* Je vous prouvois tout à l'heure l'identité de la fignification par l'identité des termes; je vous établis ici la différence des chofes, par la différence des expreffions. Plus haut & tant que l'Apôtre ne parle que des devoirs conjugaux , il défigne l'exception par ce mot fi fimple & fi clair *difcedere* ; ici il s'agit du lien , la rupture en eft marquée par cet autre mot auffi précis *liberata eft.* Nouvelle preuve & de

la

la fausseté de l'interpretation avec laquelle on me combat, & de la clarté du véritable sens que je viens de vous exposer.

Oui, Messieurs, ce n'est point comme defenseur de cette cause, c'est avec l'impartialité d'un Juge, c'est dans la vûe de m'instruire, que j'ai examiné le texte de l'Apôtre, daignez je vous supplie, & vous devez cette attention religieuse à cette importante question, daignez lire vous-même avec reflexion le chapitre que l'on m'oppose. Je m'en repose sur vos lumiéres & sur la droiture de votre esprit : la conviction dont je suis pénétré, passera dans vos ames, vous demeurerez persuadés qu'il n'y a qui que ce soit qui puisse prêter à l'Apôtre d'autres idéez que celles que je viens de vous rendre.

Mais me dit notre adversaire ; ce n'est pas moi qui interpréte Saint Paul. Je nomme mes interprétes : c'est Gratien, c'est Innocent III, c'est Estius, c'est le plus grand nombre des Théologiens & des Canonistes qui l'ont suivi. Vous vous élevez, me dit-on, au dessus de la tradition & de l'usage.

Que de réponses, Messieurs, à cette objection ?

1°. Un principe certain & qui tient à nos précieuses libertés ; c'est que l'Eglise ne connoît du mariage que comme Sacrement ; le lien & les effets du lien appartiennent uniquement à la puissance civile. Le pouvoir de lier & de délier que Jesus-Christ a confié à l'Eglise, ne s'étend que sur les ames, & n'a jamais produit un contrat ou une detté civile. Elle règle le rit du Sacrement, qui pour me servir des termes du Concile de Trente, *bénit & sanctifie l'union naturelle des conjoints.* Elle confere le Sacrement, elle juge des dispositions que l'on doit y apporter ; mais par elle-même elle ne lie point les conjoints, & si chez nous le Prêtre qui de droit divin n'est que le ministre du Sacrement, est encore le ministre & le témoin nécessaire de l'engagement, il ne l'est qu'en vertu des Loix politiques & civiles des Souverains Catholiques. Ils pourroient, Messieurs, ôter à l'Eglise la connoissance du lien qu'ils lui ont attribuée,

I

& ne lui laiffer que celle du Sacrement qu'elle tient de JefusChrift, & l'on ne pourroit leur imputer aucune ufurpation.

Auffi de tous les réglements que l'Eglife a faits fur le mariage, de ceux même qu'elle a promulgués dans des Conciles, nous ne reconnoiffons pour Loix, que ceux qui fe trouvent dans les immortelles Ordonnances de nos Rois. Nous vivons à l'abri de cette maxime fondamentale, que l'Eglife univerfelle, que le Concile général même le plus réguliérement affemblé, le plus unanime, ne peut jamais donner la moindre atteinte au pouvoir de nos Souverains, ni faire fans eux des Loix civiles qui obligent leurs fujets.

Mais, Meffieurs, eft-ce donc ici l'autorité de l'Eglife qui m'eft oppofée? M'allegue-t'on le fruit de la délibération commune des premiers pafteurs? Une doctrine unanimement enfeignée comme tenant à la foi? Non, Meffieurs, je ne vois dans cet amas de fuffrages que l'on a cités contre moi, que l'opinion de quelques Docteurs particuliers. Pourquoi veut-on que je fois obligé de fermer les yeux? pourquoi veut-on que l'adhéfion à leur fentiment qui ne peut être ici l'effet de la conviction, devienne un acte de déférence? & que ce que je ne dois point à l'Eglife, je le rende à l'autorité de Gratien & d'Innocent III?

Ces Auteurs que vous me citez, ont-ils examiné la matiere? l'ont-ils traitée? Non, Meffieurs, tous ont déféré à un phantôme d'autorité dans une matiere ou une autorité réelle, mais étrangere à celle de nos Loix, n'eût pas dû foumettre leur adhéfion. L'ignorance avoit attribué à un Pere de l'Eglife l'opinion que vous défendez & qu'ont fuivie aveuglement les Canoniftes que vous invoquez. Une jufte critique a vangé ce grand Evêque de l'outrage qu'ils lui avoient fait; elle a détruit le fondement fur lequel les Théologiens modernes avoient édifié leur fyftème. Avant de vous indiquer, Meffieurs, la fource obfcure d'une erreur qui n'a fait que trop de progrès, permettez-moi de la confronter aux témoignages de l'antiquité. Qu'il nous foit permis d'examiner ce qu'ont penfé les Peres de l'Eglife fur

cette importante matiere. Si leur suffrage est entiérement
en ma faveur, s'ils ont tous enseigné comme la plus pure
Doctrine de l'Apôtre, que dans le cas même de la discession de l'infidéle, le lien du mariage subsiste & le second
engagement doit être regardé comme un adultere ; j'abandonnerai sans peine à mon Adversaire cette foule de Théologiens Scholastiques qu'il veut prendre pour guides ; je
l'inviterai même à les mettre dans la balance, & à faire
tous ses efforts pour leur donner un poids qu'il refuse à
S. Augustin, à S. Jerôme, à S. Ambroise ; en un mot, à
ces génies profonds que l'Eglise a toujours regardés comme
les véritables dépositaires de la Tradition des Apôtres.

Je vous ai déja fait observer, Messieurs, que sur l'indissolubilité du mariage dans tous les états par lesquels le
genre humain a passé, il n'y a qu'une doctrine chez les
Peres de l'Eglise. C'est celle que je défends. Tous & S.
Thomas après eux ont enseigné que le mariage étoit indissoluble de droit naturel. Les Docteurs qui sont venus
ensuite, ne se sont point écartés de cette Doctrine, parce
que sur cette question ils n'avoient point à citer l'autorité
de Gratien.

Ainsi une premiere preuve que l'opinion des Théologiens que l'on m'oppose est une erreur, c'est que pour lui
donner quelque vraisemblance, l'on est obligé de contredire un principe dont ils ont eux-mêmes reconnu l'évidence, & qui nous est attesté par tous les Peres.

Vous vous fondez sur S. Thomas, pourquoi osez-vous
diviser son suffrage ? Il enseigne l'indissolubilité du mariage
dans tous les états de la nature ; & vous venez nous présenter cette doctrine comme une erreur. Pourquoi voulez-vous que ce S. Docteur se soit trompé dans un sentiment
qui lui est commun avec tous les Peres de l'Eglise, & qu'il
n'ait eu raison, que dans une opinion qu'il fonde uniquement sur l'autorité de Gratien & d'Innocent III ?

Mais allons plus loin. Laissons à l'écart le grand principe de l'indissolubilité ; n'examinons que la conséquence
que j'en tire sur la question qui nous divise. Voyons ce
que les Peres ont pensé sur l'effet que doit produire par

I ij

rapport au lien là *difceffion* de l'infidéle. Voyons comment
ils ont entendu le paffage de S. Paul que l'on m'oppofe.
Je dis, Meffieurs, comment ils l'ont entendu ; car n'ima-
ginez pas qu'ils ayent cru devoir l'interpréter. Ce Texte eft
clair ; le faux Ambroife & Gratien après lui ne l'ont point
expliqué. Ils y ont ajouté.

Saint Auguftin, Meffieurs, explique le mot de *difceffio*,
employé par S. Paul, comme ne fignifiant qu'une fimple féparation de corps, le mariage auquel cette féparation pourroit donner lieu, eft felon lui un véritable adultere. Voici
fes propres termes dans le Liv. 1. de Conjug. adulterinis.
c. 18. *Difceffio fidelis ab infideli quam non prohibet Dominus præcepto legis, quia coram illo injufta non eft, prohibet
Apoftolus confilio caritatis, quia infidelibus affert impedi-
mentum falutis; non folum quia perniciofiffimè fcandalifantur
offenfi, verum etiam cum in alia conjugia ceciderint ADUL-
TERINIS nexibus colligati difficillimè folvuntur.*

Faites attention, Meffieurs, à ce paffage : obfervez-d'a-
bord que S. Auguftin ne fuppofe pas même que le fidele
puiffe fonger à fe remarier, tant il eft certain que du tems
de ce Pere on ne mettoit pas même en queftion l'indiffolubilité du lien dans le cas de cette *difceffion*. Et vous
allez voir dans un moment que S. Auguftin défend expref-
fément au fidele abandonné par fa femme infidele, de contracter un autre engagement qui, tant que la femme vit, eft
un véritable adultere.

Obfervez en fecond lieu que l'un des motifs qu'il donne
à l'Apôtre S. Paul, c'eft que le Chrétien en fe féparant de
fa femme infidele donneroit à celle-ci, non un motif mais
un prétexte pour contracter un mariage adultere, *Adulterinis nexibus.* Or s'il étoit vrai, dans le fyftème de S. Auguftin, que la féparation dont parle S. Paul fut une véritable diffolution du nœud, le nouveau lien dans lequel le
conjoint infidele s'engageroit, pourroit-il être jamais regardé comme un adultere ?

Vous n'allez pas jufqu'à prétendre que Mendel-Cerf doive
refpecter un engagement que vous voulez vous même violer. Vous ne croyez pas qu'elle doive vous demeurer fidéle.

jufqu'à la mort, tandis que vous volerez dans les bras d'une autre. Elle eft donc libre dans votre fiftême; & elle l'eft parce que vous vous prétendez libre vous-même. Tout eft réciproque dans l'union, & tout doit l'être dans la diffolution; donc vous ne pouvez vous croire en droit de vous remarier, que vous n'admettiez dans votre époufe Juive le même pouvoir: or voilà S. Auguftin qui décide que ce nouveau mariage feroit adultere: il a donc également prononcé contre celui que vous venez demander la permiffion de contracter, & il la prononcé d'après l'Apôtre lui-même; donc il n'a point cru que le mot *difcedat* employé par celui-ci pût jamais s'entendre de la diffolution d'un mariage légitime.

Ce même Pere de l'Eglife và plus loin encore, il regarde le mariage contracté par des infidéles pendant qu'ils étoient dans les ténébres du paganifme, comme fi ftable & fi indiffoluble, qu'il enfeigne, comme une pratique conftante de l'Eglife, qu'on n'admet point au Baptême ceux d'entre les infidéles, qui pendant leur infidélité auroient époufé une feconde femme après avoir fait divorce avec la premiére, jufqu'à ce qu'ils aient repris leur premiére & unique époufe. Pourquoi cet ufage de l'Eglife? Ecoutez S. Auguftin: parce que le Seigneur attefte que ces feconds mariages ne font pas des mariages, mais des adultéres : *Quia hæc non conjugia fed adulteria effe Dominus Chriftus SINE ULLA DUBITATIONE teftatur.* Aug. de fid. & oper. c. 1.

Eh quoi! Meffieurs, un engagement, qui fuivant la doctrine de S. Auguftin, eût été un obftacle au Baptême de Levi, deviendra donc le fruit de fa régénération? Des nœuds adulteres qui lui euffent été interdits s'il fût demeuré Juif, qu'il eût été obligé d'abandonner s'il eût voulu être reçu dans le fein de l'Eglife, il tiendra de celle-ci la funefte liberté de les former?

Mais, me direz-vous, S. Auguftin ne parle que du conjoint infidéle: celui-ci n'eft point fait pour profiter de la grace de l'Eglife. Le fecond mariage eft un privilége accordé en faveur de la foi : *Privilegio in favorem fidei conceffo.* C'eft ainfi que s'expliquent les Docteurs : le conjoint infidéle demeure donc irrévocablement lié, le chrétien feul peut prendre une nouvelle épouse.

Oui, Messieurs, voilà ce qu'ont enseigné plusieurs des Théologiens que l'on me cite; tant il est vrai que lorsqu'on s'écarte une fois de la tradition sainte, l'erreur que l'on est obligé de défendre, conduit ses partisans jusqu'aux absurdités les plus grossieres !

Ecoutez donc encore S. Augustin : c'est la raison qui parle par fa bouche, & qui invoque pour elle l'autorité de Jesus-Christ.

Ce grand Evêque traite cette question dans les deux livres qu'il écrivit à Pollentius, & qui font intitulés, *de conjugiis adulterinis.* Pollentius avoit enseigné deux propositions que S. Augustin combat dans cet ouvrage. L'une que la féparation, dans le cas d'adultere, donnoit au conjoint la liberté de fe rémarier, & rompoit le lien. L'autre que l'infidélité de l'un des conjoints ne pouvoit jamais être pour le fidéle un motif de féparation, *quoad thorum.* Il nommoit cette infidélité la *fornication fpirituelle,* qui felon lui n'étoit jamais un motif de difceffion; il appelloit l'adultere la *fornication charnelle,* par laquelle il croyoit même le nœud du mariage détruit.

S. Augustin attaque l'une & l'autre opinion, & la premiere qui est encore celle des Théologiens Grecs, a été profcrite par l'Eglife Latine. Quelle est donc la doctrine de ce Pere dans ces deux livres, doctrine qu'il appuye fur l'autorité de l'Apôtre qu'il cite à chaque page? Il enseigne, 1º. que l'adultere ne rompt point le nœud du mariage, 2º. Que la fornication fpirituelle, ou l'infidélité de l'un des conjoints, peut donner lieu à la féparation d'habitation. Mais, ajoute-t-il, il n'est jamais permis, même dans ce cas, de fe remarier : *Propter quod libet tamen fornicationis genus five carnis five fpiritus, ubi & infidelitas intelligitur & dimiffo viro non licet alteri nubere, & dimiffa uxore non licet alteram ducere, quoniam Dominus nulla exceptione facta dicit, fi uxor dimiferit virum fuum & alii nupferit mœchatur; & omnis qui dimittit uxorem, & ducit alteram, mœchatur.* Aug. de conjug. adult. lib. 1, c. 25.

S. Auguftin décide ici bien clairement la queftion qui nous divife, puifqu'il parle des circonftances dans lefquelles l'Apôtre permet au conjoint fidele de fe féparer : *fi infidelis difcedit , difcedat ; non enim fubjectus eft frater aut foror fervituti in hujus modi.* Tel eft le paffage fur lequel fe fonde ce faint Evêque, pour prouver qu'il y a un cas où la difceffion peut être permife : or c'eft dans ce cas là que ni le mari ni la femme ne peuvent fe remarier. Pourquoi ? parce que la loi générale de Jefus-Chrift eft fans exception.

Quoi donc ! Si je vous force à convenir de la regle, vous vous retranchez dans l'exception. Vous prétendez trouver votre prétendue dérogation dans le paffage de S. Paul , dont parle S. Auguftin. C'eft, dites - vous, un privilége accordé au conjoint fidéle, une récompenfe dûe à fa foi : & voilà une des plus grandes lumieres de l'Eglife, voilà S. Auguftin lui-même, qui dans un ouvrage compofé uniquement fur cette matiere, dans un ouvrage où il n'a pour objet que d'expofer la tradition des Apôtres fur le lien du mariage, vient nous attefter que la loi de l'indiffolubilité ne fouffre aucune exception ; il fe fonde pour le prouver fur le témoignage de Jefus-Chrift, il enfeigne comme une vérité conftante, que l'Apôtre n'a voulu introduire aucune dérogation.

. Après cela, raffemblez vos Docteurs , réuniffez contre S. Auguftin cette foule de fcholaftiques qui ont voulu faire un art de la fcience fublime de nos dogmes ; tirez de la pouffiere de l'Ecole les argumens les plus fubtils ; accumulez les volumes ; entaffez les commentateurs : ce n'eft pas affez des Théologiens que vous m'avez cités ; vous n'avez pas encore fait ufage de toutes vos forces ; qui fçait fi l'Italie & l'Efpagne ne vous fourniront point encore quelques Canoniftes ? Tranquille & inébranlable en préfence de cette multitude d'Adverfaires, je leur montrerai S. Auguftin & ils feront réduits au filence. Je m'écrierai avec ce Pere : *Dominus, NULLA EXCEPTIONE FACTA, dicit, omnis qui dimittit uxorem & ducit alteram mœchatur.* Ofez donc accufer ce grand homme d'avoir ignoré les maximes de l'Eglife, ou de les avoir altérées ; attaquez fon erreur, terraffez cet ennemi redoutable. Mais prenez-y garde, il n'eſt pas le ſeul qui me prête aujourd'hui ſes armes.

On n'imaginera pas, ſans doute, que S. Jerôme ait aveuglément ſuivi l'opinion de ce Pere; on ne lui imputera aucune connivence. Liſez, Meſſieurs, ſon Epître *Ad Amandum* : elle renferme, ſur l'indiſſolubilité abſolue du mariage, les mêmes principes que j'ai puiſez dans S. Auguſtin. S. Jerôme eſt bien éloigné de trouver dans le *diſcedat* de l'Apôtre une permiſſion de contracter un ſecond mariage au mépris de la foi jurée à une premiére épouſe, puiſqu'il s'exprime en ces termes : *Omnes igitur cauſationes Apoſtolus amputans apertiſſimè definivit vivente viro adulteram eſſe mulierem, ſi alteri nupſerit.*

Origène s'éleve contre la prévarication de quelques Paſteurs, qui dans la crainte d'un plus grand mal avoient eu la lâche condeſcendance d'autoriſer un ſecond mariage dans le cas de la *diſceſſion* prévue par l'Apôtre : il parle d'époux qui n'avoient point reçu le Sacrement de mariage ; car pour ceux qui l'avoient reçu, jamais aucun Evêque n'a entrepris de les ſéparer ; mais que dit Origène : (a) *Jam vero* CONTRA SCRIPTURÆ LEGEM *mulieri, vivente viro, nubere quidam Eccleſiæ rectores permiſerunt, agentes* CONTRA ID QUOD SCRIPTUM EST *in quo ſic habetur*, mulier alligata eſt viro, quanto tempore vir ejus vivit, & *contra illud*, igitur vivente viro vocabitur adultera ſi fuerit cum alio viro... *Veriſimile èſt ad hanc accommodationem* CONTRA EA QUÆ AB INITIO SANCITA SUNT *deſcendiſſe, dum pejora formidant.* Voilà bien préciſément le motif de vos Canoniſtes, *dum pejora formidant*, la chute du fidéle, les blaſphêmes contre le Créateur : tout cela, ſuivant Origène, peut être un motif de ſéparation, mais alors même la loi divine défend de ſe remarier.

Obſervez, Meſſieurs, que dans la primitive Egliſe la diſceſſion n'étoit permiſe que dans deux cas ; dans celui de l'adultere & dans celui de l'infidélité. Dans celui de l'adultere, nul doute que le conjoint innocent ne pût de lui-même provoquer la ſéparation ; dans le cas de l'infidélité les uns croyoient que le conjoint fidéle pouvoit ſe ſéparer,

(a) Origen. in Math. 14. p. 647.

&

& que l'Apôtre ne donnoit qu'un conseil en prescrivant la
cohabitation, les autres croyoient que la cohabitation étoit
de précepte, & que le conjoint fidéle devoit attendre la
séparation & non la provoquer ; mais il n'en est pas moins
vrai que l'on ne connoissoit que ces deux causes de discef-
sion. Or S. Epiphane (a) en combattant l'erreur de ceux
qui reprouvoient les secondes nôces, enseigne qu'elles
sont permises lorsque le conjoint libre a été séparé de sa
premiere femme par la mort de celle-ci ; mais non,
lorsqu'il l'a été à l'occasion de l'adultere, de la fornication ou de quelqu'autre crime (b). Pourquoi ce saint Docteur fait-il ici une regle générale de l'indissolubilité du
lien dans tous les cas de séparation ? Quel est cet autre
motif de discession qui ne peut jamais autoriser un second
mariage, si ce n'est l'infidélité d'un des deux époux ? Pourquoi, si dans ce dernier cas l'Eglise eût permis au fidéle séparé de se remarier, S. Epiphane n'eût-il pas cité cet exemple d'un second mariage, en écrivant contre des hérétiques
qui proscrivoient même ceux qui étoient contractés par
une veuve ? Il est donc vrai, suivant S. Epiphane, que de
deux cas dans lesquels la discession est permise, il n'y en a
point dans lequel l'Eglise tolere un second mariage ; il est
donc vrai qu'elle a toujours regardé comme absolument indissoluble le nœud sacré qui lie les époux.

Tertullien encore catholique enseigna la même chose,
& il l'enseigna du mariage même des infidéles. Il regardoit
comme coupables les chrétiens qui se marioient à des femmes payennes, & il se faisoit l'objection tirée du devoir qui
oblige le chrétien à garder sa femme infidéle. Il y a une
grande différence, dit-il, entre garder une femme que l'on
a déja & en épouser une autre : habet ille, continue-t-il,

(a) Hæref. 59.
(b) Cui una uxor mortua non sufficit, is, cum divortium nequa-
quam ob fornicationem aut adulterium aut aliud crimen contigerit, si
jungatur secundæ uxori, aut fœmina secundo marito, non vituperatur
à scriptura divinâ neque ab Ecclesiâ è vita æterna excluditur, non ita
tamen ut duas primâ superstite uxores habeat, sed ut primâ amissâ alteram sibi legitimè, si ità libet, adjungat.

K.

en parlant de l'infidéle devenu chrétien, *PERSEVERANDI NECESSITATEM hic porrò etiam non nubendi* (a). Mais si, felon Tertullien, c'eft une *néceffité* au chrétien de perfévé-rer dans l'engagement qui le lie à un infidele, comment a-t-on pu vous dire qu'il pût être rompu par la difceffion que l'Apôtre autorife?

Je pourrois, Meffieurs, vous citer une foule d'autres té-moignages des Peres. Mais dans une caufe de cette nature, eft-ce à moi à les parcourir? Ne me fuffit-il pas de défier notre Adverfaire de nous en produire un feul qui s'appli-que nettement au fecond mariage, qu'il prétend autorifer dans le Néophite abandonné de fa premiere femme?

Le paffage qu'il regarde comme le plus concluant en fa faveur, eft celui qu'il tire du Traité de S. Auguftin *De fide & operibus*: ce faint Evêque perfuadé, comme je vous l'ai déja dit, que l'Apôtre n'avoit donné qu'un confeil, & que la difcéffion étoit permife dans le cas de l'infidélité d'un des deux époux, dit en parlant de l'époux fidéle. *Plus tenetur amore divinæ gratiæ quam carnis uxoriæ; & fine ulla culpa relinquitur; membrum quod eum fcandalifat fortiter ampu-tat* (b); mais, Meffieurs, après vous avoir rendu exacte-ment la doctrine de S. Auguftin, doctrine confignée dans un Traité fait *ex profeffo* fur les féparations, eft-il nécef-que je vous faffe obferver ici, que dans ce paffage que l'on m'oppofe comme décifif, ce Pere ne dit pas un mot ni de la diffolution du lien, ni du fecond mariage de l'époux qui fe fépare? Il applique aux conjoints ce précepte de Je-fus-Chrift qui nous oblige à nous arracher même l'un de nos yeux s'il eft pour nous une occafion de chute: *Mem-brum quod fcandalifat fortiter amputat*. Que fignifient ces mots, fi ce n'eft un retranchement, un retranchement courageux, une féparation qui coute à la nature? Mais s'a-git-il ici d'une nouvelle union? Jefus-Chrift avoit-il dit qu'en fe privant d'un bras il fallût s'en donner un autre? S. Auguftin le dit-il ici? Bien loin de l'imaginer, il fuppofe

___

(a) Voyez le fecond des Traités de Tertull. adreffés à la femme. c. 2.
(b) Aug. de fide & oper. c. 16.

l'époux fidele trop élevé au-deſſus de cette funeſte ſervitu-
de de la chair, pour regretter cette ſociété dangereuſe. *Plus*
tenetur amore divinæ gratiæ quàm carnis uxoriæ. Vous faites
donc ici en expliquant S. Auguſtin, ce que vous avez fait
en interprétant S. Paul ; l'un & l'autre parle d'une ſéparation, & vous avez imaginé de nouveaux nœuds : tous les
deux enſeignent que l'époux fidéle eſt alors libre de la ſervi-
tude des devoirs du mariage, vous leur faites dire qu'il lui
eſt permis de ſe ranger ſous un nouveau joug. Vous ajoutez
au texte des Peres, comme à celui de S. Paul, & dans l'une
& l'autre explication vous allez directement contre la doctrine de l'Auteur qu'il vous plaît de commenter.

C'eſt en ſuivant la même méthode, Meſſieurs, que notre
Adverſaire a prétendu appuyer ſon ſyſtème ſur le témoignage de quelques Peres Grecs. Il a fait tous ſes efforts
pour s'appliquer le ſuffrage de S. Chryſoſtome. Ce que ce
grand Evêque avoit dit de la ſéparation de l'habitation, de
cette diſceſſion dont parle S. Paul, il affecte de l'entendre
de la diſſolution du lien. Il me ſuffit donc de vous répondre que S. Jean Chryſoſtome enſeigne partout l'indiſſolubilité du lien. Parle-t-il de la femme que ſon mari a renvoyée ? Il décide quelle eſt encore ſa femme ; *Nec mihi dicas*
ille ejecit, nam ejecta adhuc manet ejicientis uxor (a).

Si le même Pere dans ſon Homélie 19. conſent qu'une
femme fidéle ſe ſépare de ſon mari infidéle qui voudroit
la forcer de participer à ſon impiété ; obſervez, Meſſieurs,
1ᵒ ; que dans cet endroit même, il n'enſeigne point qu'elle
puiſſe ſe remarier. Obſervez 2ᵒ, que dans cette même
Homélie, il poſe comme un principe immuable la Loi de
l'indiſſolubilité. Il commence par décider que ſous quelque
prétexte que les époux ſe ſéparent, la Loi de Jeſus-Chriſt
leur défend de contracter un autre engagement, tant que le
premier n'eſt point rompu par la mort naturelle.

Il ne faut pas cependant nous diſſimuler, Meſſieurs,
que quelques paſſages des Peres Grecs, ont quelquefois
paru autoriſer un uſage qui ſembloit donner atteinte à cette
maxime précieuſe de l'indiſſolubilité. Les Loix des Empereurs Grecs avoient approuvé le divorce dans certains

(a) Hom. 17. in Matth.

cas (*a*), & il faut avouer qu'ils avoient même regardé ce divorce comme une diffolution du nœud qui autorifoit les époux féparés à contracter un fecond mariage.

Cette Loi civile étoit certainement contraire à la Loi naturelle & divine qui prefcrit l'indiffolubilité. Mais elle étoit Loi de l'Empire. Il étoit donc naturel que les Evêques foumis au gouvernement des Grecs fe contentaffent d'inftruire en fecret leurs Diocèfains fur les obligations que leur impofoit la Loi divine, refpectaffent des reglémens revêtus du fceau de l'autorité fouveraine, & ne foumiffent point à la pénitence publique des feconds mariages adulteres devant Dieu, mais autorifés par la Loi du Prince.

Ce que quelques Peres Grecs difent fur la tolerance de de l'Eglife dans fa difcipline extérieure, les Théologiens Grecs poftérieurs l'ont mal entendu & mal expliqué: Ils ont crû voir une permiffion formelle, qui mettoit la confcience en fûreté, dans les textes des Peres qui n'étoient qu'un monument d'une tolerance extérieure, dûe au refpect que les faints Evêques avoient pour les Loix de l'Empire.

Auffi voyons-nous, Meffieurs, que tous les Evêques d'Occident, qui depuis que les débris de cette partie de l'Empire eurent paffé fous la domination des Peuples du Nord ou de la Germanie, n'étoient plus dans la dépendance des Empereurs Grecs, continuerent de s'élever hautement contre cet abus autorifé par la loi civile. *Noli ergo uxorem dimittere*, difoit le grand S. Ambroife Evêque de Milan, *ne Deum tuœ copulæ diffitearis auctorem.... dimittis ergo uxorem QUASI JURE SINE CRIMINE, & putas id tibi licere quia lex HUMANA NON PROHIBET, fed DIVINA PROHIBET.... Pone fi nubat, neceffitas illius tuum crimen eft, & conjugium quod putas, ADULTERIUM EST.* Ambrof. in Luc. Lib. 5.

Les Evêques poftérieurs à S. Ambroife conferverent cette précieufe difcipline conforme à une Loi naturelle & divine, dont les Peres Grecs avoient eux-mêmes reconnu que l'autorité des Empereurs ne pouvoit difpenfer.

Pour les Grecs qui vinrent après Juftinien, ils cherchèrent à concilier les Loix de l'Empire avec la Loi de Jefus-

(*a*) Novell. 22. de nuptiis.

Chrift. Ils trouverent dans le paffage de l'Evangile fur la féparation dans le cas de l'adultere un prétexte pour autorifer
la diffolution du nœud entre deux époux adulteres. Ils ne
firent pas attention que l'infraction d'un contrat n'eft jamais
capable de l'anéantir, & que la Loi du mariage étant une
Loi divine & naturelle, les Princes qui s'en écartoient pouvoient bien fouftraire aux peines civiles l'infraction de cette
regle primordiale; mais que leur autorité n'alloit point jufqu'à en difpenfer le Chrétien.

Ce furent donc, Meffieurs, les Loix des Princes Grecs
qui peu à peu apporterent dans la difcipline de l'Eglife
Grecque le changement qui y fubfifte encore, & que
l'Eglife Latine n'a jamais adopté; de-là il fuit que quand
vous pourriez m'oppofer ici le fentiment de quelques Théologiens Grecs fur la matiere que nous traitons, j'aurois
droit de recufer leurs témoignages, & que la fauffeté du
principe dont ils font partis, garantiroit celle de la conféquence qu'ils en ont tirée. L'adultere, ont ils dit, rompt les
liens du mariage, donc la perféverance dans l'infidélité
qui eft un adultere fpirituel doit avoir le même effet. On
ne pourroit, Meffieurs, tirer de leurs fuffrages aucune induction pour prouver que l'adultere anéantit le nœud du
mariage; inutilement voudroit-on donc me les citer pour
prouver que l'infidélité doit opérer une diffolution d'un
nœud que l'adultere n'a jamais rompu.

Mais ce que je vous prie d'obferver, Meffieurs;
c'eft 1º, que parmi les caufes de divorce énoncées
dans les conftitutions des Empereurs Grecs, on ne
trouve point l'infidélité de l'une des parties. 2º, que
les Peres de l'Eglife Grecque n'ont point parlé de cette prétendue diffolution du nœud dans le cas de l'infidélité, & que s'ils ont enfeigné que l'on pût alors fe féparer du conjoint qui perfevere dans fon aveuglement, ils
n'ont point dit que l'Apôtre permît au fidéle un nouveau
mariage. 3º. Enfin que la doctrine de l'indiffolubilité abfolue, doctrine venue des Apôtres, a toujours été enfeignée dans l'Eglife latine, même dans le cas de l'adultère, & n'a été combattue, rélativement à la queftion qui
nous devife, que depuis Gratien. Mais, Meffieurs, je tire

un nouveau moyen dans cette caufe des principes que l'E-glife Latine a toujours oppofés à l'erreur des Grecs. En effet le paffage de l'Evangile *fi quis uxorem dimiferit .ex-ceptâ fornicationis çaufâ* , eft bien plus fufceptible de dif-ficulté que celui de Saint Paul *fi infidelis difcedit, difcedat.* L'ufage actuel de tout l'Orient & l'opinion du plus grand nombre des Grecs, eft de permettre une feconde femme au mari qui a renvoyé la fienne pour caufe d'adultère. Ce-pendant l'Eglife Latine s'eft réglée dans fon interprétation fur le grand principe de l'indiffolubilité abfolue, préfcrite par la Loi naturelle & prononcée par Jefus-Chrift même, *ab initio non fuit fic.* Comment feroit-il poffible qu'elle fe fût écartée de ce principe en expliquant ce paffage de S. Paul qui eft plus clair que le jour ? Quelle contradic-tion prêtez-vous aux Peres de l'Eglife Latine & à toute la tradition de l'Occident ? Elle a cru fur la parole de Jefus-Chrift même, que l'adultère fait ceffer les devoirs du ma-riage, & cependant elle n'a jamais jugé qu'il pût en dif-foudre les nœuds. Elle a cru avec Jefus Chrift & avec Saint Paul que l'infidélité de l'un des conjoints ne faifoit point ceffer même les devoirs réciproques des deux époux, & vous voulez qu'elle ait penfé qu'elle produisît un effet incom-parablement plus fort que celui de la rupture du lien! Vous voulez donner à l'erreur un effet que le crime ne peut avoir.

J'abuferois trop long-tems, Meffieurs, de l'attention que vous donnez à cette caufe, fi je voulois vous recueillir tous les monumens de la tradition poftérieure à ces tems lumineux, jufques auxquels il faut remonter pour trouver les vrais fondemens de la difcipline. Je me contenterai de vous dire que dans les huitiéme & neuviéme fiecle on ne connoiffoit point encore ce motif de diffolution fur le-quel fe fonde mon adverfaire. Le vénérable Bede qui écrivoit dans le huitiéme fiecle, n'admettoit que deux cau-fes de féparation, mais n'en connoiffoit aucune qui auto-rifât un fecond mariage du vivant de la premiere femme. Permettez-moi de vous le citer encore avant que de ve-nir aux tems où l'erreur que je combats a commencé à s'introduire. *Una folummodo*, dit ce favant Anglois; *cau-*

fa eſt carnalis, fornicatio ; una ſpiritalis ; timor Dei ut uxor dimittatur ; ſicut multi religionis cauſâ feciſſe dicuntur. Nulla autem cauſa eſt, DEI LEGE, ut vivente ea quæ relicta eſt, alia ducatur. Bed. in cap. x. Marc.

La diſcipline de l'Egliſe de France étoit ſur ce point auſſi exaête & auſſi pure que celle de l'Egliſe de la Grande Bretagne ; le Concile de Frejus tenu en 791, nous apprend cap. 10. qu'il n'y a qu'un ſeul cas où l'on puiſſe renvoyer ſa femme ; mais qu'il n'y en a point où l'on en puiſſe épouſer une autre de ſon vivant.

Il eſt donc prouvé, Meſſieurs, & par les maximes de l'Egliſe ſur le nœud du mariage, & par l'eſprit qui a regné dans ſes déciſions, & par le ſuffrage de ſes plus ſaints Docteurs, que le paſſage de S. Paul n'a jamais eu le ſens que lui a prêté Gratien. Venons à l'époque & à la ſource de cette erreur.

Dans le ſixiéme ſiécle un pieux Diacre avoit compoſé un Commentaire ſur les Epîtres de S. Paul. Dans cet ouvrage plutôt compoſé pour l'édification que pour l'inſtruction des fidéles, il inſera quelques opinions fauſſes qui lui étoient ſans doute particulieres. On y lit entr'autres erreurs, que l'on peut remarier le fidéle Néophite, lorſque ſa femme refuſe de ſuivre ſon exemple. Peut-être cet Ecrivain plus pieux qu'éclairé, crut-il que l'on faciliteroit par-là l'entrée de l'Egliſe aux infidéles. Il ne fit pas attention, qu'en acquérant au Chriſtianiſme quelques hypocrites, on le rendroit odieux aux Etats qui n'avoient point encore reçu la doêtrine de l'Evangile.

Ce Diacre ſe nommoit Ambroiſe : ſon livre oublié longtems, fut enſuite rétrouvé dans un tems où la critique n'avoit point encore éclairé les eſprits. L'équivoque du nom, la piété que reſpiroit l'ouvrage, le firent attribuer au grand Evêque de Milan : quelques autres qui n'y réconnurent point le ſtile de Saint Ambroiſe, ne ſe crurent pas pour cela diſpenſés de le donner à quelque Pere de l'Egliſe ; ils crurent qu'il étoit de Saint Gregoire le Grand.

Gratien embraſſa ce dernier avis ; Van-Eſpen dans ſon commentaire ſur le décret, nous apprend que ce compilateur attribua au Pape Saint Grégoire le paſſage du Dia-

cre Ambroife ; que l'on ne connoît plus aujourd'hui que
fous le nom de *l'Ambrofiafter* ou du faux Ambroife.
Plein de refpect pour cette autorité , il compofa de ce
paffage (*a*) fon canon *fi infidelis* 28. qu. 2.

Permettez-moi , Meffieurs , de vous citer les termes
du canon de Gratien ; vous allez être à portée de juger fi
on peut mettre le fentiment de *l'Ambrofiafter* en paralel-
le avec cette pure doctrine de l'antiquité dont j'ai effayé
de vous raffembler quelques monumens

Si infidelis difcedit odio Chriftianæ fidei, difcedat, NON
EST *enim dimiffo peccatum propter Deum, fi alii fe copula-
verit.* CONTUMELIA QUIPPE CREATORIS SOLVIT
JUS MATRIMONII *circa eum qui relinquitur ; infidelis au-
tem difcedens & in Deum peccat & in matrimonium,* NEC EST
EI FIDES SERVANDA *quia propterea difcedit ne audiret
Chriftum Deum effe Chriftianorum conjugiorum.*

Voilà , Meffieurs , dans ce peu de mots & une ad-
dition adultere faite au texte de l'Apôtre & deux principes auffi déraifonnables en eux mêmes qu'ils font contraires à toute la tradition.

L'Apôtre avoit dit *fi infidelis difcedit, difcedat*. Gratien
ajoute *non eft peccatum fi alii fe copulaverit,* ce que Saint
Paul n'a jamais dit , & ce que Saint Augustin a regardé
comme une erreur reprouvée par toute l'Eglife.

Saint Jerôme après avoir fait un détail des crimes les
plus horribles, après en avoir rappellé (*b*) qui font frémir la
nature , avoit enfeigné qu'ils ne pouvoient jamais donner
atteinte au nœud du mariage ; avoit-il donc penfé que les
forfaits les plus odieux, les difcordes les plus abominables
ne fuffent point autant d'outrages au Créateur *contumelia Créatoris* , ou qu'ils fuffent plus excufables que le fu-

_____

(*a*) Voici les propres termes de l'Ambrofiafter, *Non ratum eft
matrimonium* QUOD SINE DEVOTIONE EST ac per hoc non eft
peccatum ei qui dimittitur propter Deum fi alii fe junxerit, contumelia enim creatoris folvit jus matrimonii circà eum qui relinquitur , ne accufetur fi alii copuletur.

(*b*) Licet adulter fit, licet fodomita , licet omnibus flagitiis cooper-
tus , & ab uxore propter hæc fcelera derelictus ; maritus ejus eft, ei
alterum virum ducere non licet. Ep. ad Amand.

nefte

nefte préjugé qui attache le Juif à l'écorce de la Loi & qui lui ferme les yeux fur les myftères qu'elle n'a fait qu'annoncer ? Non, Meffieurs, Saint Jerôme n'a jamais cru que la créature pût en outrageant le Créateur rompre les liens naturels qu'il a formés ; il étoit réfervé à Gratien de nous apprendre que le blafphême pouvoit autorifer le parjure.

L'Evangile nous enfeigne, tous les Peres nous ont dit que nous devons garder notre parole envers tous les hommes indiftinêtement, que la fidélité dans les contrats eft un devoir naturel que la Religion fanêtifie & qu'aucun prétexte ne peut nous engager à violer ; & voilà Gratien qui veut nous perfuader, fur le témoignage de *l'Ambro-fiafter*, que l'on ne doit point garder la foi à un infidéle, *non eft fides fervanda* ; & dans quel contrat ; dans le contrat le plus facré, le plus inviolable, le plus folemnel ; dans un contrat dont dépend l'état des Citoyens, & la bonne harmonie de la fociété. Cette maxime barbare n'a été que trop étendue, Meffieurs. La fuperftition n'a-t-elle pas voulu s'en fervir contre les Hérétiques ? Ne pourroit-on pas me citer des Doêteurs qui ont cru que l'on pouvoit fans crime manquer de foi (*a*) à ceux qui réfufoient de fe foumettre à l'autorité de l'Eglife ? Que de fang a couté cette affertion funefte ! Que de Citoyens elle a enlevés aux Etats ! Dans combien de cœurs n'a-t-elle pas jetté la haine la plus forte contre une Religion fainte que l'erreur n'a que trop fouvent confondue avec le fanatifme de ceux qui croyoient la fervir ?

Eft-ce donc là, Meffieurs, la voix de l'Eglife ? Ai-je befoin de confronter ces maximes avec la tradition des Apôtres ? Eft-il néceffaire d'avoir recours à la révélation pour vous prouver la fauffeté d'un principe monftrueux que Gratien n'a point examiné & qu'il avoit cru trouver dans un Pere de l'Eglife ?

Innocent III. plus Jurifconfulte que Théologien, plus Théologien encore que judicieux critique, crut déférer à l'autorité de Saint Ambroife en foufcrivant au Décret de

(*a*) V. le Direêtoire de l'Inquifition.

L.

Gratien, il compofa fes deux décrétales de la maxime qu'il trouva établie dans cette compilation : elles fe trouvent l'une & l'autre dans le quatriéme livre des Décrétales. cap. *Quanto & gaudemus*. De divortiis.

Rien n'eft plus dangereux, Meffieurs, que de laiffer une erreur s'accréditer fous le nom d'un grand homme ; les ames droites & timorées ne craignent point de pécher par un excès de foumiffion & dans la crainte de manquer à ce quelles doivent à l'autorité, elles fe laiffent entraîner par l'opinion ; ainfi cette crainte religieufe qui nous eft donnée pour conferver le dépôt, fait que fouvent nous craignons d'en écarter des doctrines étrangeres.

Voilà, Meffieurs, ce qui eft arrivé. Le fuffrage de Gratien, que l'on croyoit avoir copié faint Ambroife, celui d'Innocent III qui avoit aveuglément fuivi Gratien, entraînerent un grand nombre de Théologiens. Ceux qui fe déciderent fur l'autorité de ces deux hommes refpectables, firent le grand nombre. La plupart des Canoniftes, tous les compilateurs plus accoutumés à copier qu'à étudier, entrerent dans cette route frayée. Ceux, au contraire, qui prirent la peine d'examiner la queftion s'écarterent de l'opinion d'Innocent III pour s'attacher à la véritable doctrine de Jefus-Chrift & de S. Paul. Ils reftituerent le paffage de l'Apôtre à fon fens naturel. Ces derniers firent le petit nombre, j'en conviens, car vous favez que depuis le fiécle d'Innocent III jufqu'à celui de Léon X, on copia beaucoup, mais on étudia fort peu.

Dans la fuite la critique a éclairé par fon flambeau tous les recoins de cette antiquité plus revérée que connue. On a examiné les textes ; on a cherché à rendre les ouvrages à leurs véritables auteurs ; on a reconnu (a), on a prouvé que le commentaire, dont Gratien avoit emprunté les termes pour former le Canon, *fi infidelis*, n'étoit ni de Saint Ambroife ni de S. Grégoire, mais d'un Diacre qui n'avoit

(a) Les Conf. de Paris, To. 11. Liv. 10. Conf 4. 59. & Van Efpen dans fon Commentaire fur Gratien atteftent que le paffage attribué foit à S. Ambroife, foit à S. Grégoire, n'eft ni de l'un ni de l'autre.

ni miffion ni autorité, ni même de grandes lumieres ; ainfi des trois auteurs aufquels les Canoniftes , qui étoient venus après Gratien , avoient attribué le fentiment qu'ils embraffoient, il ne refta que Gratien & Innocent III : car pour le faux Ambroife, autrement nommé *l'Ambrofiafter* , on ne lui fit plus l'honneur de compter fon fuffrage.

Par rapport à Innocent III, je ne crois pas, Meffieurs , que l'on ofât donner pour regles en France toutes les opinions de ce Pape : celle qu'il expofe dans les deux décrétales dont il s'agit ici, a même d'autant moins d'autorité qu'il ne fe fonda que fur le prétendu témoignage de S. Ambroife qui avoit trompé Gratien ; or ce prétendu fuffrage n'exifte point , & il eft aujourd'hui avéré qu'Innocent III auffi-bien que Gratien étoient tous les deux dans une erreur de fait que la critique a diffipée.

Quant au décret de Gratien, vous fçavez ,Meffieurs, que cette collection n'a par elle-même aucune autorité. Ce Religieux ultramontain renferma dans fon recueil, avec plus d'exactitude que de choix , tous les Canons, toutes les décrétales que l'on connoiffoit vers le milieu du douziéme fiécle où il écrivoit , & s'il y comprit les fauffes décrétales d'Ifidore que l'on rougiroit aujourd'hui de citer, il put y inférer , à plus forte raifon , quelques paffages qu'il attribue à différens Peres de l'Eglife , & qui certainement n'avoient point été tirés de leurs ouvrages. Nous tenons pour principe à cet égard que tous les Canons renfermés dans le décret de Gratien, n'ont d'autre poids, que celui que leur donne l'autorité dont ils étoient émanés avant qu'ils euffent été renfermés dans ce recueil. Le compilateur n'en a aucune par lui-même ; ainfi, Meffieurs, c'eft à vous de juger de l'autorité que doit avoir le paffage de l'*Ambrofiafter* inféré dans le Canon *fi infidelis*.

Il faut cependant avouer, Meffieurs, que malgré la certitude de notre maxime fur le décret, & quoiqu'il foit inconteftable que cette compilation n'ajoute aucun dégré d'authenticité aux piéces qu'elle renferme, les Canoniftes poftérieurs peu inftruits de nos regles, & peut-être peu at-

L ij

tachez à nos précieufes libertés, ont copié aveuglément ce recueil qu'ils ont refpecté fans examen & fans critique, comme renfermant les monumens les plus précieux de la tradition fur la difcipline.

De là tant de décifions des Canoniftes modernes, foit Efpagnols, foit Italiens, tant d'opinions qui confondant les rapports qu'ont avec le même objet deux puiffances qui ne peuvent jamais fe gêner, ont attribué à l'Eglife une autorité fur les contrats civils, & prêté fans le vouloir des armes contre le pouvoir légitime des Princes. Prendriez-vous, Meffieurs, pour regle de vos jugemens les décifions de tous ces Canoniftes qui ont fervilement tranfcrit les décrétales recueillies par Gratien? Adopteriez-vous toutes leurs idées fur le mariage? Eh quoi! les Canons même du Concile de Trente fur cette matiére, ces Canons infiniment plus refpectables que la décrétale d'Innocent III que l'on m'oppofe, ces Canons n'ont point été reçus parmi nous.: il a fallu que l'autorité Royale choisît ceux qu'elle revêtiroit du fceau de la loi, & l'on me viendra préfenter ici comme une regle une décrétale qui ajoute au texte de l'Apôtre, & un Canon de Gratien qui donne pour motif de fa décifion les maximes les plus fauffes; des maximes qui dans des tems d'ignorance, ont allumé les flambeaux des difcordes civiles; des maximes que qui que ce foit n'oferoit enfeigner en France fans s'expofer à l'animadverfion des loix (a)!

Où en ferions-nous réduits, Meffieurs, fi fur cette importante matiere, il falloit adopter aveuglément ce que le grand nombre des Théologiens & des Canoniftes ont penfé? dans quelles difficultés inexplicables; difons mieux, dans quels abîmes fe font jettés ceux qui ont eu la témérité de paffer la barriere immuable que Jefus-Chrift lui-même a reconnue entre les droits de la fouveraineté temporelle, & le pouvoir tout fpirituel du Sacerdoce accordé aux Apôtres? Croirez-vous, Meffieurs, avec plufieurs Scholaftiques, qu'il n'y a point de mariage parmi les infidéles, & que cette

____

(a) Contumelia Creatoris folvit jus matrimonii.... infidelibus non eft fides fervanda.

union facrée ordonnée par l'auteur de la nature n'eft hors de l'Eglife qu'un infâme adultere, ou un concubinage hon‑ teux? Penferez-vous avec le plus grand nombre des Cano‑ niftes étrangers, que l'Eglife feule a droit de faire des empê‑ chemens dirimans au mariage; que c'eft en vertu du pou‑ voir que J. C. lui a confié qu'elle connoit du lien? Croirez‑ vous qu'elle peut lier, les hommes par le plus faint des contrats, & les délier de la loi qu'il leur impofe? Que c'eft aux Evêques à punir les mariages clandeftins & les témoins qui y ont affifté (a) que c'eft à eux qu'eft refervée la connoiffance du crime d'adultere? Admettrez-vous en‑ fin ce principe monftrueux que je pourrois vous faire voir dans des confultations de Canoniftes, que l'Eglife peut valablement lier par les nœuds du mariage deux perfonnes à qui les loix de l'Etat défendent de s'unir? *Les volontés des fujets pour les mariages & les contrats font entre les mains du Prince*, difoit S. Chrifoftome (b); combien de fois l'ignorance & la témérité ont-elles donné atteinte à ce prin‑ cipe avoué par les Peres? Mais fi dans ces fortes de caufes vous rejettez tous les jours le fuffrage du grand nombre des Théologiens; fi vous négligez les opinions pour ne vous attacher qu'aux regles; quelle confiance ne dois-je pas avoir dans une caufe où j'ai commencé par vous montrer évidemment une loi naturelle, une loi primitive, une loi renouvellée par Jefus-Chrift même; une loi par conféquent dont les opinions humaines ne pourront jamais étouffer la voix.

Oui, Meffieurs, cette lumiere de l'Eglife, toujours vifi‑ ble & toujours indefeétible, cette lumiere qui nous fait voir dans tous les fiécles, le dépôt inaltérable du dogme, confer‑ vé jufqu'à nous, ne reçoit aucune altération de ces erreurs particulieres qui n'ont pour objet que la difcipline. Je vous l'ai fait voir; le Concile de Trente a confervé précieufe‑ ment le dogme de l'indiffolubilité du mariage, & fur la

(a) Conc. Trid. Seff. 24. c. 1. de reform. matr.
(b) Voyez les Conf. de Paris, To. 1. Liv. 1. Conf. 3. §. 2.

difcipline du mariage, il a adopté quelques opinions que nos loix ont toujours rejettées.

Ne croyez pas cependant, Meſſieurs, que depuis Gratien tous les Théologiens aient ſervilement ſuivi ſon opinion : il fut dans tous les temps des hommes deſtinés à rappeller leurs contemporains à l'antiquité & à la pureté des maximes. Les grandes verités que je viens reclamer ont eu dans tous les ſiécles des défenſeurs, des défenſeurs que l'Egliſe n'a jamais condamnés, & auxquels même les premiers Paſteurs ont donné des marques honorables de leur approbation. Ils ont plus d'une fois vangé l'Apôtre Saint Paul de l'outrage que l'on faiſoit à ſa doctrine.

Notre Adverſaire a mis au nombre des ſuffrages, ſur leſquels il s'appuye, celui de Théophilacte qui vivoit au douziéme ſiécle, mais il n'en a cité aucun paſſage. Je ne ſçai s'il a lu cet auteur avec attention. Je l'ai examiné, Meſſieurs, & je trouve que ce grand homme qui joignoit au caractere Epiſcopal toute la doctrine du Thélogien le plus profond, eſt abſolument oppoſé au ſiſtême de notre Adverſaire. Il entend le paſſage de S. Paul, comme l'avoit entendu S. Auguſtin ; ſelon lui le mot *diſcedat* ne ſignifie qu'une ſimple ſéparation qui ne rompt point le lien : il explique ces termes, *non eſſe ſubjectum ſervituti in hujuſmodi*, d'une ſimple exemption des devoirs, mais il décide nettement que le nœud indiſſoluble ſubſiſte encore après la diſceſſion : *Quæ verba*, dit-il (a), *ſi exactè diſcutiuntur ſolum ſignificant quod in hujuſmodi DISCESSIBUS SEU SEPARATIONIBUS infidelis à fideli (infidelis conjugis à fideli conjuge, infidelis Patris à fideli filio, infidelis filii ab infideli patre, &c.) Nullus frater aut ſoror, (hoc eſt nullus Chriſtianus aut Chriſtiana) eſt ſubjectus SERVITUTI priori putà quâ filius tenetur Patri & è converſo, qua filia tenetur matri, & è converſo, QUA UXOR MARITO & è converſo : ſed hinc non convincitur quod ſit SOLUTUM VINCULUM CONJUGALE, ſicut non SOLVITUR vinculum filiale aut paternum.*

Ainſi ſuivant Théophylacte la diſceſſion de l'infidéle

(a) Théophil. in Ep. 1. ad Cor. cap. 7.

qui eft pour le fidéle un jufte motif de féparation, n'emporte avec elle qu'une exemption de cet efpèce de tribut que les époux fe doivent l'un à l'autre, & que dans
la regle générale la converfion ne fait point ceffer ; mais
cette féparation ne peut jamais donner un prétexte de fe
remarier. Pourquoi ? parce que, *non eft folutum vinculum
conjugale*.

Remarquez, Meffieurs, que Théophilaĉte ne cite point
ici. Son fentiment lui eft propre. Il a difcuté la matiere :
Quæ verba fi exaĉtè difcuntiuntur. Il eft cependant bien
informé de l'opinion contraire, dont il commence par rendre compte : il convient même que de fon temps, cette
opinion étoit fuivie par l'Eglife Grecque dans fa difcipline ;
mais il ajoute que le fentiment que les Théologiens qu'il
combat attribuent à l'Apôtre, n'eft point clairement apperçu
dans le paffage : *Paulus*, dit-il, *non appertè explicat talem
libertatem, fed negat fubjeĉtum effe fervituti in hujufmodi*.
Théophilaĉte compare donc les opinions, & fe décide pour
celle qui lui paroît la plus conforme au texte de l'Apôtre,
& à la tradition de l'antiquité.

Des auteurs, au contraire, que vous me citez, il n'y en
a pas un qui ait examiné. Tous fe contentent de rappeller
le décret de Gratien, & les décrétales d'Innocent III ; cette
efpèce d'autorité fait taire leur entendement & fubjugue
leur efprit. Raffemblez donc vos auteurs, formez une trou-
pe de tous ces citateurs aveugles, groffiffez cette nuée d'in-
terprêtes, par laquelle vous avez voulu obfcurcir le texte
lumineux de l'Apôtre ; vous ne pourrez leur donner à tous
enfemble plus de poids que n'en ont le Canon de Gratien,
& les deux décrétales d'Innocent III. Mettez de l'autre
côté de la balance S. Auguftin, S. Ambroife, S. Jérôme,
S. Epiphane, Théophilaĉte, joignez-y les Théologiens qui
me reftent à vous citer, & décidez fi vous l'ofez, que la décrétale d'Innocent III, l'emporte fur toutes ces autorités.

Le Cardinal Caietan dédia fes commentaires fur les livres
faints au Pape Clement VII ; c'eft dans ces Livres, Meffieurs, que l'on trouve encore le paffage de l'Apôtre expli-

qué d'une simple ceffation des devoirs, le Cardinal Caïetan y décide que même dans le cas de cette *difceffion*, le mariage demeure indiffoluble.

Au Concile de Trente cette matiere fut agitée dans une Congrégation où l'on devoit préparer les réglemens fur le mariage qui étoient enfuite examinés par les Peres. Fra-Paolo nous apprend (*a*) qu'un Théologien courageux s'oppofa au torrent de l'opinion. Pierre Soto embraffa la défenfe de l'Apôtre fon maître. Pour expliquer le paffage, il puifa dans les véritables canaux de la tradition & non dans ces ruiffeaux détournés, dont Gratien voulut mêler les eaux aux fources les plus pures : Il foutint que l'interprétation du Cardinal Caïetan étoit la feule qui rendît le véritable fens de S. Paul & que l'indiffolubilité du mariage venoit de la Loi naturelle ; il invoqua l'ufage même de l'Eglife qui ne remarioit point les Infidéles, & prouva que l'Apôtre n'avoit entendu parler que d'une fimple féparation de corps & non de la diffolution du lien conjugal. Le Concile de Trente ne fit point de décret contraire à l'opinion de Gratien ; mais il n'en fit non-plus aucun qui la favorifât, ni qui rappellât la difpofition de la Décrétale d'Innocent III ; & de-là il fuit du moins évidemment, que les Peres de Trente ne regarderent point comme une erreur contraire à la Foi la maxime de l'indiffolubilité abfolue que je defends : car comme elle fut foutenue en plein Concile, elle eût été profcrite fi elle eût été une héréfie.

Card Lambertini
Oper. tom. 12. tr.
de Synod. Diœf.
l. 6.

Si donc l'illuftre Pontife qui eft aujourd'hui affis fur le Siége de Saint Pierre, dans le tems qu'il écrivoit comme un fimple Docteur particulier, a cru devoir embraffer l'opinion qu'il a vû appuyée fur la Doctrine d'Innocent III. fon fuffrage particulier n'ajoute rien à ceux que vous m'avez cités. C'eft Benoit XIV. lui-même, Meffieurs, que je prendrois volontiers pour Juge en ofant attaquer l'opinion du Cardinal Lambertini. C'eft devant ce Pontife fi refpectable, que je defendrois avec courage la maxime inal-

(*a*) Fra-Paolo. Hift. du Conc. de Trente. Liv. 7.

térable

térable de l'indiſſolubilité du mariage. Je ſerois ſûr de vaincre en lui préſentant l'autorité de Saint Auguſtin & de tous les Peres. Il ſacrifieroit ſans doute à leur ſuffrage, il ſacrifieroit aux grandes vûes qu'il a pour la propagation de la foi, les anciens préjugés qu'il avoit puiſés dans l'École. Trop grand pour tenir par l'amour propre aux opinions de ſa jeunéſſe, il ſe rappelleroit qu'il eſt aujourd'hui ſur le premier Siege de l'Univers & que c'eſt de là qu'il doit appeller à la Foi les nations Infidéles : que pour réuſſir dans ce projet apoſtolique, il doit les convaincre que la Loi de Jeſus - Chriſt ſe concilie avec le bon ordre de tous les Etats. Il applaudiroit, Meſſieurs, à nos maximes, il donneroit des éloges à votre zéle pour les conſerver dans toute leur vigueur : Ce grand Homme, vous le ſavez, Meſſieurs, ne confond point avec les dogmes ſacrés de notre Religion les ſiſtêmes chancellans & variables des Canoniſtes & des Théologiens ; ſa tolérance vraiment paſtorale, ne foudroye que l'héréſie connue, ne déteſte que le ſchiſme, ne recommande que la Charité, & laiſſe aux Docteurs leurs opinions. Celle de Gratien a été ſuivie, dites-vous, par le ſavant Cardinal Lambertini ; montrez-moi que la maxime que je réclame ait été proſcrite comme une erreur par le Pape Benoît XIV. montrez-moi qu'elle ait été condamnée par un Jugement de l'Egliſe Univerſelle ; faites-moi voir qu'elle ait été, une ſeule fois, réprouvée par un Concile, qu'on ait regardé comme hérétiques & les Peres qui l'ont ſoutenue, & Théophilacte, & le Cardinal Caietan & Pierre Soto qui l'ont défendue. Si vous ne pouvez aller juſques-là, ſi vous êtes forcé de convenir que je ne me révolte point contre l'Egliſe en attaquant votre opinion, la queſtion que nous traitons eſt donc du nombre de celles où le Juge doit faire uſage de ſa raiſon & ne chercher dans les ſuffrages, que les lumiéres & non l'autorité.

N'attendez pas de moi, Meſſieurs, qu'armé des grands principes que j'ai eu l'honneur de vous préſenter, défendus par ces vérités inaltérables que je puiſe dans l'Evangile, dans

M

l'autorité de l'Apôtre & dans la tradition des Peres, j'aille terrasser l'un après l'autre tous ces Docteurs particuliers dont les noms sont à peine connus hors de l'Ecole, & dont les sistêmes peuvent fournir des objets de dispute à la curiosité; mais non entrer dans les grands motifs de vos Arrêts.

M'arrêterai-je à réfuter les inductions que l'on veut tirer du prétendu usage de l'Alface? Est-ce donc à l'abus que j'attaque à venir se présenter ici comme la règle qui doit me subjuguer?

Résumons donc, en peu de mots, cette cause, la plus importante peut-être qui se soit présentée devant vous depuis un siecle.

Je vous ai prouvé, Messieurs, par l'institution même du mariage & par la premiere Loi du Créateur, que ce lien sacré étoit indissoluble; je l'ai prouvé par sa nature, par la parole de Dieu même, par la tradition constante des premiers hommes & des Patriarches, par la Loi de Moyse, par la maniere dont Jesus-Christ lui-même l'a expliquée, enfin par les témoignages des Apôtres & de leurs successeurs.

C'est donc à Lévy à prouver qu'il est dans le cas d'une exception à cette règle. Or 1°. la nature même de la Loi n'en souffre aucune qui puisse être l'ouvrage des hommes. 2°. C'est à lui à établir l'exception. Que me présente-t'il? Un passage de Saint Paul qui ne dit pas un mot, ni de la dissolution du lien, ni de la permission de se remarier; un passage que je vous ai démontré ne pouvoir s'entendre que d'une cessation des devoirs du mariage.

Pour que ce passage pût former une exception à la règle il faudroit qu'il fût aussi clair que la règle. S'il étoit équivoque, la parole de Jesus-Christ & les principes de l'Apôtre lui-même devroient en fixer le sens.

Mais il est clair & je ne crains point de réfutation sur la restitution que j'ai faite de ce passage au véritable sens, suivant lequel les Peres l'ont entendu.

Je veux maintenant supposer avec vous que ce passage peut présenter deux sens différens.

Vous devez au moins convenir, que si depuis Innocent III. grand nombre de Théologiens l'ont entendu .comme vous, les Peres de l'Eglise avant Innocent III, & depuis lui plusieurs Théologiens Catholiques & savans l'ont expliqué comme moi , sans que leur sentiment ait jamais été réprouvé par aucun Concile, ni par aucun Jugement formel du Pape & des Evêques , encore moins par aucune de nos Loix.

De-là , Messieurs, quel est donc l'abus que l'on peut reprocher au Jugement de l'Official que je defends ? Me présente-t'on quelque Ordonnance de nos Rois dont je me sois écarté ? M'oppose-t'on des canons reçûs dans le Royaume & revêtus du caractère de la législation souveraine du Prince ? L'Official de Soissons a pensé comme Saint Augustin , comme Saint Jerôme , comme Saint Ambroise , comme Saint Épiphane , comme le Concile de Meaux, comme Théophilacte , comme le Cardinal Caietan , comme Pierre Soto ; comparez les autorités dans une matiere où vous ne voyez point de Jugement de l'Eglise , & vous serez forcés de convenir qu'au moins l'Official de Soissons a pris le parti le plus sûr.

De-là, Messieurs, une reflexion par laquelle je finis ; vous êtes en état de juger la question . Elle tient à nos Loix dont vous êtes les dépositaires , elle est liée au bon ordre dont vous êtes les conservateurs ; mais craindriez-vous de prendre un parti sur une matiere que la Théologie Scholastique a paru chercher à obscurcir ? Prononcez qu'il n'y a point d'abus dans la Sentence : je vous ai démontré cette proposition , & en rejettant cet appel comme d'abus téméraire , vous laissez à notre adversaire la voye de l'appel simple.

Si au contraire vous prononciez en faveur de l'appellant , si vous déclariez abusive la Sentence qu'il attaque , vous décideriez nettement que le mariage est indissoluble dans certains cas ; vous rendriez un Arrêt dont les suites seroient également funestes & à l'Etat & à la Religion, vous adopteriez le sentiment de quelques Théologiens ;

mais vous rejetteriez celui des Peres & celui des Docteurs qui les ont fuivis ; vous ouvririez la porte aux abus les plus dangereux ; vous rendriez nos dogmes odieux à toutes les nations policées, qui craignent de troubler le repos des familles, & qui regardent comme précieux l'état & les droits des Citoyens.

Je ne crains donc pas, Meffieurs, que vous décidiez contre moi, & que vous favorifiez la nouvelle paffion de ce Néophyte; non, vous ne briferez point la barrière que la Sentence que je défends a mife entre lui & l'adultére. Il n'ira point armé de votre décifion fommer de nouveau le Miniftre des Autels de participer au facrilége & à la profanation.

Mais, Meffieurs, en eft-ce affez? Et ne devez vous pas affurer pour l'avenir le précieux dépôt d'une Loi fainte, d'une Loi fi néceffairement liée avec la bonne harmonie de l'Etat, d'une Loi dont l'infraction, en attachant à lE-glife par des liens perfides quelques profanateurs, jetteroit dans les familles le trouble, la perplexité, le défordre? Si vous héfitiez, Meffieurs, eh ! comment punirez vous déformais la connivence abominable de deux époux, qui tous deux fans religion, & laffés l'un de l'autre, tireront au fort pour fçavoir qui des deux embraffera un culte étranger, & fe procureront ainfi la liberté réciproque de contracter, l'un hors de fa patrie, & l'autre fous vos yeux même, des nœuds funeftes à leurs enfans ? Tout doit être du moins égal entre l'horrible apoftafie & cet aveuglement qui n'a pour caufe que l'erreur & le préjugé. L'apoftafie n'eft-elle pas même beaucoup plus que l'infidélité, ce que Gratien appelle *Contumelia Creatoris*. Oui, Meffieurs, fi vous permettez à Levy de fe remarier, vous devez le permettre à l'époufe d'un apoftat. Je frémis des horreurs que j'envifage ; mais peut-on craindre de trop allarmer votre religion fur des excès auffi monftrueux?

Que Levy ceffe donc, Meffieurs, de fe révolter contre la voix du pafteur, dont la charité voudroit le ramener

à la règle, & dont la condefcendance ne peut lui permettre le crime & la profanation. Quel autre intérêt que
celui de votre ame a pu engager M. de Soiffons à fe livrer au combat contre vous? Que lui importe que vous
foyez le mari d'Anne Thevard, ou l'époux de Mendel-
Cerf? Faut-il donc que tous les pas que vous faites, dans
cette carrière de grace & de charité, foient autant de
fcandales? Faut-il que l'Eglife qui a fouhaité de s'édifier de
votre converfion, n'ait acquis en vous qu'un enfant rébelle,
toujours prêt à vous élever contre vos maîtres dans la Foy?
Cathécumene, vous voulûtes braver ce Pontife dont la
charité exigeoit, que vous pratiquaffiez la morale de l'E-
vangile, & qui ne paroiffoit vous écarter de l'Eglife que
pour vous rendre digne d'y entrer. Néophite, vous vous
foulevez contre un autre Pontife qui craint que vous ne
fouilliez votre ame par un adultére. Votre défenfeur vous
a comparé à ces Juifs, qui *effrayés de leur folitude, s'a-*
drefferent à Moyfe dans le défert. Il a eu raifon, vous n'i-
mitez que trop bien la révolte & l'indocilité de vos
peres.

Retournez à cette femme que vos défordres ont aigri.
Cherchez à regagner fon cœur; rendez-lui nos dogmes
refpectables par le changement de vos mœurs. Qu'elle
apprenne à aimer notre religion, lorfqu'elle vous verra pra-
tiquer des vertus. C'eft par-là que vous fanctifierez votre
femme infidéle. Si la grace tarde encore à l'éclairer, que
vos priéres hâtent ce moment qui doit être l'objet de
vos vœux. Pourquoi faudra-t'il qu'alors elle vous retrouve
dans les bras d'une étrangère? Mendel-Cerf le fera-t-elle
pour vous, lorfque Chrétienne elle viendra réclamer des
droits, dont votre converfion ne l'aura point dépouillée,
& vous rappeller des nœuds que votre adultére n'aura
point détruits?

Pour vous, Meffieurs, vous ne connoiffez que l'empire de la règle. Je vous l'ai préfentée dans cette caufe;
elle eft écrite dans la Loi Naturelle, dans l'Evangile, dans

eette Loi de grace, à laquelle Levy s'eft foumis, & qu
ne femble deftinée qu'à perfectionner la raifon , & à rendre
l'homme plus heureux. Rendez à cette règle divine l'hommage que lui doivent dés Magiftrats Chrétiens. Hâtez vous
de profcrire une tentative facrilége , & que votre Arrêt foit
à jamais un monument & de votre zéle pour lés maximes de l'Eglife , & de votre attention à maintenir celles
de l'Etat.

Monfieur S E G U I E R , Avocat Général.

Mᶜ, MOREAU , Avocat.

LE QUEUX le jeune, Procureur.

A PARIS.

De l'Imprimerie dè PIERRE ALEXANDRE LE PRIEUR,
Imprimeur du Roi, 1758.

On achevoit l'impreſſion de ce Plaidoyé, lorſque l'on a appris que celui auquel il ſert de réfutation ne ſeroit point imprimé. C'eſt une obſervation qui peut n'être pas inutile, dans le cas où le Juriſconſulte, chargé de défendre dans un Mémoire la cauſe de Levy, s'écarteroit du plan de défenſe qui a été ſuivi à l'Audience, & dans lequel le défenſeur de M. l'Evêque de Soiſſons a cru devoir ſe renfermer.

Le Public doit au reſte regretter que la modeſtie du défenſeur qui a plaidé la cauſe, l'ait privé d'un ouvrage dans lequel on admireroit des talens dont cette modeſtie même releve le prix. Ils ont été applaudis à l'Audience. M⁰ Loyſeau, dont le nom rappelle au Barreau, un de ſes plus grands Maîtres & de ſes plus profonds Juriſconſultes, vient d'annoncer dans cette queſtion d'éclat qui eſt un de ſes premiers eſſais, combien il ſera un jour digne de le porter. C'eſt un éloge qu'il mérite ; c'eſt un témoignage qu'un Confrère qui ne l'a connu que dans cette occaſion ſe croit obligé de rendre public ; il le prie de lui pardonner cette note, que peut-être n'eût-il pas permiſe, s'il en eût été prévenu.

www.ingramcontent.com/pod-product-compliance
Lightning Source LLC
Chambersburg PA
CBHW050601210326
41521CB00008B/1066